Introdução: A Necessidade de uma Carreira Política Estruturada no Brasil

O Brasil, assim como muitas democracias ao redor do mundo, enfrenta uma crise de representatividade política que afeta diretamente a confiança dos cidadãos nas instituições e nos líderes eleitos. A cada eleição, observamos uma crescente insatisfação com a qualidade dos governantes, uma sensação de que muitos dos eleitos chegam aos cargos mais elevados sem a experiência e o preparo necessários para lidar com os desafios complexos da administração pública. Esse sentimento se reflete não apenas nas taxas de abstenção e no aumento de votos nulos e brancos, mas também na frustração generalizada com a falta de soluções efetivas para problemas sociais, econômicos e políticos crônicos.

Essa crise de representatividade e de liderança política, em grande parte, resulta da forma como o sistema político brasileiro permite que indivíduos alcancem cargos de grande poder sem terem passado por uma trajetória consistente de aprendizado e capacitação. Muitas vezes, o sucesso eleitoral está mais relacionado à capacidade de mobilização econômica ou à popularidade momentânea do que ao mérito, à competência técnica ou ao compromisso com o serviço público.

Diante desse cenário, é fundamental refletir sobre maneiras de reformar o sistema político, criando mecanismos que garantam que os líderes que ocupam os cargos mais importantes do país tenham as habilidades, o conhecimento e a experiência necessários para enfrentar os desafios que o Brasil impõe. É nesse contexto que propomos a criação de uma carreira política estruturada e gradual, em que o acesso aos cargos mais elevados só seja possível após uma progressão bem-sucedida por diferentes níveis da administração pública e da representação política.

O Modelo de Carreira Política Estruturada

A proposta central deste livro é a criação de uma trajetória política clara e organizada, em que cada etapa da carreira do político seja cuidadosamente planejada, oferecendo uma formação prática e teórica que o capacite para os desafios futuros. Ao longo desse percurso, o político deverá demonstrar capacidade técnica, ética e compromisso com o bem público, sendo avaliado constantemente por seus eleitores e por mecanismos de controle social.

O modelo de carreira política estruturada propõe que os aspirantes a cargos eletivos comecem suas trajetórias em funções de base, como a presidência de associações de bairro. A partir dessa experiência inicial de contato direto com a população e seus problemas cotidianos, o político pode avançar para cargos como vereador, subprefeito, prefeito e deputado estadual, passando por diferentes esferas de atuação política, até eventualmente chegar a posições como governador, senador e presidente da República. Essa progressão gradual é fundamental para garantir que, ao ocupar cargos de maior responsabilidade, o político já tenha acumulado experiência prática e conhecimento técnico suficientes para tomar decisões complexas e eficazes.

Além disso, o modelo inclui um sistema de avaliação constante, em que o desempenho do político é periodicamente avaliado pela população, por meio de referendos ou outras formas de controle democrático. Esse sistema garante que apenas os políticos que comprovadamente demonstram competência, compromisso e resultados possam continuar a avançar em suas carreiras.

A Carreira Política no Brasil Atual

Atualmente, o sistema político brasileiro não oferece uma progressão clara e estruturada na carreira política. Candidatos podem se lançar diretamente a cargos de grande poder, como prefeito de grandes capitais ou governador de estado, sem que tenham experiência prévia em cargos de menor complexidade. Esse cenário permite que indivíduos sem a preparação necessária cheguem a posições de liderança, o que muitas vezes resulta em governos ineficazes, decisões mal planejadas e políticas públicas que não resolvem os problemas da população.

Além disso, o sistema político atual muitas vezes privilegia o poder econômico e as alianças partidárias em detrimento do mérito e da competência. Campanhas eleitorais caras e disputas internas nos partidos frequentemente excluem candidatos que poderiam trazer uma visão renovada e qualificada para a política, mas que não possuem os recursos financeiros ou as conexões políticas necessárias para competir em condições iguais.

Essa falta de estrutura e de critérios claros para o avanço na carreira política também contribui para a falta de comprometimento de muitos políticos com o bem público. Em vez de enxergarem a política como um serviço prestado à sociedade, muitos acabam tratando os cargos públicos como oportunidades para benefício pessoal ou partidário. Isso gera uma cultura política de curto prazo, em que a preocupação com a próxima eleição se sobrepõe ao planejamento de políticas de longo prazo que poderiam efetivamente transformar o país.

O Papel da Formação Política na Criação de Líderes Competentes

Uma carreira política estruturada tem como um de seus pilares a formação política e a experiência prática. Ao longo de cada etapa da carreira, o político teria a oportunidade de adquirir não apenas conhecimentos técnicos e teóricos, mas também uma compreensão profunda das dinâmicas sociais, econômicas e políticas que afetam o país.

No início da carreira, em funções como a presidência de associações de bairro, o político teria contato direto com os problemas cotidianos da população, aprendendo a lidar com demandas locais e a buscar soluções práticas para questões como infraestrutura, saúde, educação e segurança. Essa experiência inicial é fundamental para desenvolver habilidades de liderança e de articulação política que serão essenciais nos níveis mais elevados de poder.

À medida que o político avança em sua carreira, ele terá a oportunidade de ocupar cargos em diferentes esferas do poder público, tanto no legislativo quanto no executivo. Essa diversidade de experiências proporcionará uma formação ampla e integrada, preparando o político para os desafios complexos que ele enfrentará em cargos de maior responsabilidade, como governador, senador ou presidente da República.

A formação política contínua também envolve a educação formal em áreas como administração pública, economia, direito constitucional, ciência política e relações internacionais. Essa base teórica, aliada à experiência prática acumulada ao longo da carreira, garante que o político esteja preparado para tomar decisões informadas, baseadas em evidências e em uma compreensão clara das consequências de suas ações.

A Importância do Engajamento Popular

Outro aspecto central da proposta de uma carreira política estruturada é o engajamento popular ao longo de toda a trajetória do político. Em cada etapa da carreira, o político será avaliado não apenas pelos resultados que alcança, mas também pelo grau de conexão que mantém com a população e pelo compromisso com o diálogo democrático.

Ao começar a carreira em funções locais, como as associações de bairro, o político constrói uma base de apoio popular que o acompanhará ao longo de sua trajetória. Essa relação direta com os eleitores é essencial para garantir que o político mantenha um compromisso genuíno com as necessidades da população e para evitar que ele se distancie das demandas reais da sociedade à medida que avança para cargos de maior poder.

O modelo de avaliação constante, por meio de referendos ou outros mecanismos de controle social, também fortalece o engajamento popular, garantindo que a população tenha uma voz ativa na ascensão ou não de seus líderes. Esse controle contínuo sobre a carreira política dos eleitos é fundamental para promover a transparência, a prestação de contas e o compromisso com o bem público.

O Papel da Ascensão Gradual

A progressão gradual na carreira política proposta neste modelo não é apenas uma questão de meritocracia, mas também uma forma de garantir que os futuros líderes do país acumulem o conhecimento e a experiência necessários para enfrentar os desafios da administração pública de forma eficaz. Ao exigir que o político passe por diferentes níveis de governo, lidando com problemas locais, regionais e nacionais, o modelo garante que, ao chegar aos cargos mais elevados, ele tenha uma compreensão clara das dinâmicas que afetam todas as esferas do poder público.

A ascensão gradual também permite que o político desenvolva uma rede de contatos e de parcerias ao longo de sua carreira, o que é essencial para a implementação de políticas públicas eficazes. Ao trabalhar em diferentes esferas de governo, o político terá a oportunidade de construir alianças com líderes comunitários, empresários, organizações sociais e outros políticos, o que facilitará a articulação de projetos e a mobilização de recursos em momentos críticos.

Por fim, a progressão gradual promove a criação de uma classe política mais responsável e comprometida com o serviço público. Ao passar por cada etapa da carreira, o político será constantemente avaliado por seus eleitores, o que garante que apenas aqueles que demonstram competência, compromisso e resultados continuarão a avançar.

Capítulo 1: A Importância das Associações de Bairro

As associações de bairro são instituições comunitárias que, embora muitas vezes subestimadas, desempenham um papel fundamental na política local. Elas são a primeira conexão entre os cidadãos e a administração pública e, no modelo de carreira política proposto, representam o ponto de partida para qualquer indivíduo que deseje trilhar uma trajetória política estruturada e gradual.

O Papel das Associações de Bairro

As associações de bairro são organizações que representam a comunidade em que estão inseridas, tendo como objetivo principal articular soluções para os problemas locais. Elas podem influenciar diretamente decisões que afetam a infraestrutura, a segurança, a saúde e o bem-estar social dos moradores. Embora a maior parte de suas demandas seja de caráter local e cotidiano, essas associações também servem como espaços onde lideranças podem emergir, ganhando visibilidade por meio do trabalho realizado em suas respectivas regiões.

Em muitos casos, os presidentes dessas associações são os primeiros a entender profundamente as necessidades da população e a enfrentar, de forma prática, as dificuldades de diálogo com o poder público. Eles aprendem a negociar com vereadores, secretarias municipais e outros órgãos governamentais para obter recursos e melhorias para suas comunidades. Essas habilidades tornam-se valiosas na medida em que o político avança para cargos mais elevados.

A Eleição para Presidente de Associação de Bairro

No modelo proposto, o primeiro passo na carreira política começa com a eleição para o cargo de presidente de uma associação de bairro. Essa eleição local, que conta com a participação dos próprios moradores, é o primeiro teste democrático que o futuro político enfrentará. Diferentemente de eleições de maior escala, essa é uma eleição muito próxima e acessível, onde os eleitores conhecem diretamente os candidatos e podem avaliar sua capacidade de liderança com base no contato pessoal e nas realizações comunitárias.

Ser eleito presidente de uma associação de bairro exige que o indivíduo construa uma base de apoio local e tenha uma reputação de integridade e competência. Ele precisa demonstrar uma compreensão clara das necessidades da comunidade e apresentar propostas viáveis para melhorar as condições do bairro. A campanha eleitoral, embora de menor escala, já envolve habilidades como articulação política, comunicação e organização.

Funções e Atribuições do Presidente de Associação de Bairro

O presidente de uma associação de bairro desempenha uma série de funções importantes, que são essenciais para a formação de um político preparado e comprometido. Entre as principais responsabilidades desse cargo, podemos destacar:

1. **Representação da comunidade**: O presidente da associação de bairro atua como representante dos moradores em suas relações com o poder público. Ele é o responsável por articular e encaminhar as demandas da comunidade junto às autoridades municipais, como vereadores, secretarias e o próprio prefeito.
2. **Organização das reuniões da associação**: O presidente organiza e conduz reuniões regulares com os moradores do bairro, onde são discutidos os problemas e necessidades da região. Essas reuniões são essenciais para garantir que a comunidade esteja envolvida no processo de tomada de decisões e para fortalecer o laço entre os representantes e os representados.
3. **Gestão de recursos**: Muitas associações de bairro possuem orçamentos limitados, oriundos de doações, parcerias com o setor privado ou subsídios do poder público. O presidente é responsável por gerir esses recursos de forma transparente e eficiente, garantindo que eles sejam aplicados em projetos que beneficiem a comunidade.
4. **Planejamento de projetos comunitários**: O presidente de uma associação também é responsável por coordenar a implementação de projetos que tragam melhorias para o bairro, como a criação de áreas de lazer,

campanhas de conscientização sobre temas importantes, ou até mesmo a organização de eventos culturais e sociais que fortaleçam a coesão da comunidade.

5. **Mediação de conflitos**: O presidente atua como um mediador nas disputas e conflitos que possam surgir entre os moradores ou entre a comunidade e o poder público. Ele deve ser imparcial e buscar sempre o melhor interesse da coletividade, garantindo que as demandas sejam resolvidas de forma pacífica e justa.

O Impacto das Associações de Bairro na Formação Política

A participação nas associações de bairro oferece uma oportunidade única para os aspirantes a políticos aprenderem sobre o funcionamento do poder público e as dinâmicas políticas locais. Esse primeiro contato direto com os problemas cotidianos da população ensina habilidades valiosas que serão aplicadas ao longo de toda a carreira política. O político que inicia sua trajetória em uma associação de bairro já tem uma vantagem importante: ele entende a realidade das pessoas que representa.

Além disso, o trabalho como presidente de uma associação de bairro exige que o indivíduo desenvolva habilidades de liderança e articulação política. Ele precisa aprender a negociar com o poder público, a coordenar ações com outras lideranças comunitárias e a planejar e executar projetos de interesse coletivo. Essas habilidades são fundamentais para o sucesso em cargos políticos mais elevados.

A Importância do Engajamento Popular

Outro aspecto fundamental das associações de bairro é o envolvimento direto da população no processo democrático. A proximidade entre o líder comunitário e os moradores permite que as demandas da comunidade sejam ouvidas de forma rápida e eficaz. Isso reforça a confiança dos cidadãos na política, uma vez que eles podem ver os resultados de sua participação de maneira concreta.

Nesse sentido, o fortalecimento das associações de bairro também é um passo importante para promover maior engajamento cívico. Quando os moradores percebem que têm voz ativa nas decisões que afetam diretamente sua vida cotidiana, eles se tornam mais participativos e interessados nas questões políticas. Essa conscientização cidadã é essencial para a construção de uma democracia mais robusta e participativa.

O Papel das Associações no Modelo de Carreira Política

No modelo de carreira política proposto, as associações de bairro servem como o primeiro degrau na ascensão política. O indivíduo que começa sua trajetória como presidente de uma associação de bairro adquire uma base sólida de experiência e aprendizado, que o prepara para cargos maiores. Ao atuar de forma responsável e eficaz nesse nível, ele constrói uma reputação de liderança e competência, que pode ser usada como plataforma para voos mais altos na política.

Esse modelo de carreira gradual oferece uma série de benefícios. Primeiro, ele garante que os futuros líderes políticos tenham uma compreensão profunda das necessidades da população, pois seu primeiro contato com a política se dá diretamente com os eleitores em suas comunidades. Segundo, ele promove uma cultura política de responsabilidade e prestação de contas, uma vez que o político precisa provar sua capacidade em cada etapa da carreira para continuar avançando.

Conclusão

O primeiro passo na carreira política proposta neste livro é a eleição para o cargo de presidente de uma associação de bairro. Esse cargo oferece ao futuro político a oportunidade de desenvolver habilidades fundamentais, como liderança, articulação política, gestão de recursos e mediação de conflitos, tudo isso enquanto está em contato direto com as necessidades da população.

As associações de bairro desempenham um papel crucial na formação de líderes políticos competentes e comprometidos, que entendem a realidade das pessoas que representam e são capazes de promover mudanças reais em suas comunidades. Ao iniciar sua trajetória nesse nível, o político constrói uma base sólida de experiência e reputação, que será essencial para sua ascensão em cargos maiores.

No modelo proposto, a progressão gradual na carreira política garante que os líderes que alcançam os mais altos cargos da administração pública sejam indivíduos qualificados e preparados, com um histórico comprovado de serviço à comunidade. Esse modelo não apenas fortalece a democracia, mas também promove uma classe política mais responsável e comprometida com o bem público.

Capítulo 2: O Cargo de Presidente de Associação

Após ser eleito para o cargo de presidente de uma associação de bairro, o político assume a responsabilidade de liderar uma comunidade e garantir que as necessidades locais sejam atendidas. Esse cargo, além de ser o primeiro degrau na carreira política proposta, é fundamental para o desenvolvimento de habilidades de liderança e gestão. Neste capítulo, exploraremos as funções específicas deste cargo, os desafios enfrentados pelo presidente de uma associação de bairro e como essa experiência prepara o político para ascender a cargos maiores.

A Função de Liderança Local

O presidente de uma associação de bairro é o líder mais próximo da comunidade. Ele é o responsável por representar os interesses dos moradores em suas interações com o poder público e por garantir que as demandas locais sejam ouvidas e atendidas. Isso inclui desde a busca por melhorias em infraestrutura e segurança até a organização de eventos culturais e sociais que promovam a coesão comunitária.

O papel de liderança local desempenhado pelo presidente da associação é essencial para a formação de um político comprometido e eficaz. Ao liderar uma comunidade, o presidente precisa aprender a lidar com a diversidade de opiniões e interesses, além de mediar conflitos e promover o diálogo entre os moradores. Essa função exige paciência, empatia e a capacidade de tomar decisões que beneficiem o coletivo, sem perder de vista as particularidades de cada situação.

Representação Política e Mediação

Uma das principais atribuições do presidente de uma associação de bairro é atuar como mediador entre a comunidade e o poder público. Isso inclui a articulação com vereadores, secretarias municipais e outros órgãos governamentais, a fim de garantir que as demandas da comunidade sejam ouvidas e atendidas. O presidente precisa aprender a negociar com diferentes esferas do governo, buscando soluções para os problemas da comunidade, como melhorias na infraestrutura, na segurança e nos serviços públicos.

Esse processo de mediação e negociação oferece ao futuro político uma compreensão prática de como o sistema público funciona. Ele aprende a navegar na burocracia governamental, a construir alianças políticas e a garantir que os recursos disponíveis sejam utilizados da melhor forma possível para beneficiar a comunidade. Essas habilidades são fundamentais para o sucesso em cargos políticos maiores, onde a articulação política se torna ainda mais complexa e estratégica.

A Importância da Gestão de Recursos

O presidente de uma associação de bairro também é responsável pela administração de recursos, sejam eles provenientes de doações, contribuições voluntárias dos moradores ou repasses do governo municipal. Essa função exige habilidades de gestão financeira e planejamento, uma vez que os recursos disponíveis geralmente são limitados e precisam ser aplicados de maneira eficiente.

A gestão de recursos em uma associação de bairro envolve a capacidade de identificar as prioridades da comunidade e alocar os fundos disponíveis para projetos que tragam o maior benefício possível. O presidente deve ser transparente em sua administração, prestando contas regularmente aos moradores e garantindo que as decisões sejam tomadas de maneira coletiva e participativa. Esse aspecto da função desenvolve habilidades de administração que serão extremamente valiosas em cargos de maior responsabilidade, como vereador ou prefeito, onde a gestão de orçamentos e recursos públicos é uma das principais atribuições.

Organização e Implementação de Projetos Comunitários

Outro papel importante do presidente de uma associação de bairro é a implementação de projetos comunitários. Esses projetos podem incluir melhorias na infraestrutura local, como a reforma de praças e áreas de lazer, a organização de eventos culturais e esportivos, campanhas de conscientização sobre questões como saúde e meio ambiente, e a criação de programas de apoio social para os moradores.

O sucesso desses projetos depende da capacidade do presidente de mobilizar a comunidade e garantir a participação dos moradores nas iniciativas. Isso exige habilidades de liderança, planejamento e organização, além de uma visão clara sobre as necessidades e prioridades da comunidade. Ao implementar esses projetos, o presidente da associação não só melhora a qualidade de vida dos moradores, mas também demonstra sua capacidade de liderança e comprometimento com o bem-estar coletivo.

Desafios do Cargo de Presidente de Associação

O cargo de presidente de uma associação de bairro não está isento de desafios. Um dos principais obstáculos enfrentados por líderes comunitários é a limitação de recursos financeiros e materiais. Muitas vezes, as associações de bairro dependem de doações ou de repasses limitados do governo municipal, o que pode dificultar a implementação de projetos e a resolução de problemas da comunidade.

Outro desafio importante é a articulação com o poder público. Embora o presidente da associação seja o representante da comunidade, ele nem sempre terá acesso fácil aos tomadores de decisão no governo municipal. Negociar com vereadores e secretários pode ser um processo demorado e frustrante, exigindo persistência e habilidade política para garantir que as demandas da comunidade sejam ouvidas.

Além disso, o presidente de uma associação de bairro precisa lidar com a diversidade de opiniões e interesses dentro da própria comunidade. Nem todos os moradores terão as mesmas prioridades ou concordarão com as decisões tomadas pela liderança. Isso exige do presidente a capacidade de mediar conflitos e buscar soluções que atendam às necessidades do maior número possível de pessoas, sem comprometer o bem-estar coletivo.

Preparação para Cargos Maiores

A experiência adquirida no cargo de presidente de uma associação de bairro é essencial para preparar o político para cargos de maior responsabilidade, como vereador ou prefeito. Ao liderar uma comunidade, o presidente desenvolve habilidades que serão fundamentais em sua futura carreira política, como a capacidade de negociação, a gestão de recursos públicos, a implementação de políticas e projetos e a articulação com o poder público.

Além disso, a atuação como presidente de uma associação de bairro oferece ao político a oportunidade de construir uma base sólida de apoio popular. Se o presidente for bem-sucedido em seu mandato, promovendo melhorias significativas na qualidade de vida da comunidade, ele terá construído uma reputação de liderança e competência, que poderá ser usada como plataforma para futuras candidaturas.

Essa experiência prática, adquirida em um nível local e direto, é muitas vezes subestimada, mas é fundamental para formar políticos qualificados e preparados para os desafios maiores da administração pública. Ao passar por essa etapa inicial, o político acumula um entendimento profundo das demandas da população e das dificuldades enfrentadas na implementação de políticas públicas, o que o torna mais apto a enfrentar desafios em cargos de maior escala.

A Base da Liderança Política

O cargo de presidente de uma associação de bairro não deve ser visto apenas como um degrau na carreira política, mas como a base da liderança política. É nesse papel que o indivíduo desenvolve seu senso de serviço público, aprende a lidar com os problemas reais da população e compreende o funcionamento das estruturas políticas e burocráticas do governo.

Ao começar sua carreira em uma associação de bairro, o político aprende que a política não é apenas um jogo de poder, mas um serviço à comunidade. Ele entende que seu papel é representar e defender os interesses das pessoas que o elegeram, e que suas decisões têm um impacto direto na vida cotidiana da população. Essa compreensão é essencial para garantir que, ao longo de sua carreira, o político mantenha um compromisso genuíno com o bem público.

Conclusão

O cargo de presidente de uma associação de bairro é a base da carreira política proposta neste livro. Ele oferece ao futuro político a oportunidade de desenvolver habilidades essenciais, como liderança, articulação política, gestão de recursos e mediação de conflitos, ao mesmo tempo em que está diretamente envolvido com as necessidades da população.

A experiência adquirida nesse cargo prepara o político para desafios maiores, oferecendo uma base sólida de aprendizado prático que será utilizada ao longo de toda a sua trajetória política. Além disso, o contato direto com os moradores e a gestão de projetos comunitários ajudam a criar uma relação de confiança entre o político e a população, o que será essencial para o sucesso em futuras eleições.

O modelo de carreira política proposto neste livro, que começa nas associações de bairro, garante que os futuros líderes políticos tenham a experiência e o comprometimento necessários para enfrentar os desafios da administração pública e representar os interesses da população de forma eficiente e responsável. Ao começar sua carreira nesse nível, o político constrói uma base sólida de liderança e competência, que será fundamental para sua ascensão a cargos maiores no futuro.

Capítulo 3: Ascensão à Câmara Municipal

Após cumprir um mandato de sucesso como presidente de uma associação de bairro, o próximo passo na carreira política é a ascensão ao cargo de vereador, representando a população no legislativo municipal. O papel de vereador é essencial para o funcionamento das cidades, pois os vereadores são responsáveis pela criação de leis locais, pela fiscalização do poder executivo e pela mediação das demandas da população junto à administração municipal.

Neste capítulo, discutiremos as funções do vereador, os desafios desse cargo e como a experiência adquirida como presidente de uma associação de bairro prepara o político para atuar no legislativo municipal.

A Candidatura a Vereador

A candidatura ao cargo de vereador é um marco importante na trajetória política. Ao sair do cargo de presidente de associação de bairro, o político entra em uma arena mais ampla, onde precisa conquistar o voto de eleitores de toda a cidade, e não apenas de uma comunidade específica. Isso exige uma campanha eleitoral mais robusta, na qual o candidato precisa apresentar um plano claro para a cidade e construir alianças políticas que ampliem sua base de apoio.

A experiência adquirida como presidente de uma associação de bairro oferece ao candidato a vereador uma vantagem importante: ele já tem um histórico de realizações concretas. Ao apresentar suas conquistas como líder comunitário, o candidato pode demonstrar sua capacidade de representar os interesses da população e de implementar políticas que melhorem a qualidade de vida dos cidadãos. Esse histórico de trabalho é um ativo valioso em uma campanha eleitoral, ajudando a construir a confiança dos eleitores.

Funções e Atribuições do Vereador

O vereador é o representante da população no legislativo municipal e tem como principal função a criação de leis que impactam diretamente o cotidiano da cidade. Entre as principais atribuições do vereador, destacam-se:

1. **Criação de leis municipais:** O vereador tem o poder de propor projetos de lei que abordem questões locais, como transporte público, segurança, saneamento básico, educação e urbanização. Ele deve garantir que as leis propostas atendam às necessidades da população e respeitem as normas constitucionais e federais.

2. **Fiscalização do poder executivo:** O vereador é responsável por fiscalizar as ações do prefeito e da administração municipal. Isso inclui a análise do orçamento público, a verificação da aplicação dos recursos e a investigação de possíveis irregularidades na gestão pública.

3. **Representação dos interesses da população:** O vereador serve como elo entre a população e o governo municipal. Ele deve estar em constante diálogo com os cidadãos, ouvindo suas demandas e buscando soluções para os problemas locais por meio de projetos de lei ou solicitações formais ao executivo.

4. **Participação em comissões legislativas:** O vereador também participa de comissões temáticas, onde são discutidos projetos de lei em áreas específicas, como saúde, educação, segurança e meio ambiente. As comissões legislativas são fundamentais para o aprofundamento dos debates e para garantir que as leis sejam analisadas de forma técnica antes de serem votadas.

Desafios do Cargo de Vereador

O cargo de vereador apresenta uma série de desafios complexos, que exigem habilidades políticas e de gestão. Um dos principais desafios do cargo de vereador é a amplitude e a diversidade das demandas que ele precisa enfrentar. Enquanto o presidente de uma associação de bairro lida com questões muito localizadas e específicas de uma comunidade, o vereador representa toda a cidade, o que significa que ele deve equilibrar diferentes prioridades e interesses. Em uma cidade grande, as necessidades de diferentes bairros podem variar drasticamente — de problemas com saneamento básico em áreas periféricas a questões de mobilidade e segurança em regiões mais centrais.

Outro desafio relevante é a articulação política necessária para a aprovação de leis e para a fiscalização eficaz do executivo. Embora o vereador tenha autonomia para propor projetos de lei, a aprovação dessas propostas depende do apoio de seus colegas na Câmara Municipal. Isso significa que o vereador precisa ser habilidoso em formar alianças, negociar interesses e construir consensos. Muitas vezes, as disputas políticas e partidárias podem dificultar a aprovação de projetos importantes para a população, exigindo que o vereador seja resiliente e persuasivo em suas estratégias.

Além disso, o vereador enfrenta uma pressão constante da população e da mídia. Ele é o representante mais próximo dos eleitores no sistema político, e suas ações estão sempre sob intenso escrutínio. Isso pode gerar um nível de cobrança elevado, tanto por parte dos eleitores quanto dos veículos de comunicação, que frequentemente cobram soluções rápidas para problemas complexos. O vereador deve ser capaz de manter a calma diante dessa pressão e continuar a trabalhar de forma estratégica e eficiente para atender às demandas da população.

Como a Experiência em Associações de Bairro Prepara para o Cargo de Vereador

A experiência adquirida como presidente de uma associação de bairro é um excelente treinamento para o cargo de vereador. No nível comunitário, o político já teve a oportunidade de desenvolver habilidades essenciais, como negociação, mediação de conflitos e articulação com o poder público. Ele também adquiriu uma compreensão prática dos problemas que afetam a vida cotidiana dos cidadãos, o que o torna mais sensível às demandas da população ao assumir o cargo de vereador.

Além disso, o trabalho como presidente de uma associação de bairro ensina ao futuro vereador a importância da gestão de recursos e da transparência. Como líder comunitário, ele já aprendeu a administrar orçamentos limitados e a prestar contas aos moradores sobre o uso desses recursos. Essas habilidades são essenciais no cargo de vereador, onde a fiscalização do orçamento público e a garantia de que os recursos municipais sejam bem aplicados são algumas das principais atribuições.

Outro aspecto importante da experiência como presidente de associação de bairro é o contato direto com a população. Esse relacionamento próximo e cotidiano com os eleitores oferece ao político uma perspectiva realista dos problemas que afetam a comunidade, o que o ajuda a propor leis que sejam realmente eficazes e que atendam às necessidades dos cidadãos. O vereador que já teve essa vivência em associações de bairro tende a ser mais conectado com as demandas populares e mais comprometido com a resolução de problemas concretos.

Referendos e Avaliação Contínua

No modelo de carreira política proposto, uma inovação importante no mandato de vereador é a realização de referendos periódicos, a cada cinco anos, para avaliar o desempenho do político. Esse processo garante que o vereador esteja sempre comprometido com os interesses de seus eleitores e que continue trabalhando de maneira eficaz para atender às demandas da população.

Os referendos funcionam como uma ferramenta de controle social, permitindo que os eleitores tenham uma forma direta de avaliar o trabalho de seus representantes. Se um vereador não cumprir suas promessas de campanha ou falhar em representar adequadamente os interesses da população, ele pode ser removido do cargo através desse mecanismo. Essa avaliação constante cria um incentivo para que os vereadores se mantenham próximos de seus eleitores, prestem contas de suas ações e se esforcem para melhorar a cidade.

A Importância da Câmara Municipal no Modelo de Carreira

A Câmara Municipal desempenha um papel central no modelo de carreira política proposto neste livro. Ela é o ponto de transição entre o nível comunitário e os cargos de maior responsabilidade no executivo e no legislativo. No cargo de vereador, o político tem a oportunidade de mostrar suas habilidades legislativas e

de articulação política, ao mesmo tempo em que continua a representar os interesses da população em um nível mais amplo.

O trabalho na Câmara Municipal também é uma oportunidade para o político construir sua reputação e sua base de apoio. Vereadores bem-sucedidos, que conseguem aprovar leis importantes e fiscalizar de maneira eficaz o poder executivo, ganham a confiança dos eleitores e constroem uma imagem de competência e comprometimento. Isso é fundamental para que o político possa avançar para cargos maiores, como deputado estadual ou federal, onde ele enfrentará desafios ainda maiores.

Conclusão

A ascensão ao cargo de vereador representa um passo importante na carreira política dentro do modelo proposto neste livro. O vereador tem a responsabilidade de representar os interesses da população no legislativo municipal, criando leis que impactam diretamente o cotidiano da cidade e fiscalizando o poder executivo para garantir que os recursos públicos sejam utilizados de maneira eficiente e transparente.

A experiência adquirida como presidente de uma associação de bairro oferece ao futuro vereador uma base sólida de habilidades e conhecimentos, que o prepara para os desafios do legislativo municipal. O vereador que já teve essa vivência no nível comunitário tende a ser mais sensível às demandas populares e mais comprometido com a resolução de problemas concretos.

Ao longo de seu mandato, o vereador será constantemente avaliado por seus eleitores, através de referendos periódicos, que garantirão que ele continue trabalhando de maneira eficaz e comprometida. Esse modelo de carreira gradual, com avaliações constantes e uma progressão clara, promove a formação de líderes políticos qualificados, preparados e comprometidos com o bem público.

No próximo capítulo, discutiremos o papel de presidente da Câmara Municipal, um cargo de destaque dentro do legislativo, que oferece ao político a oportunidade de liderar a casa legislativa e de influenciar diretamente as políticas públicas do município.

Capítulo 4: Presidente da Câmara Municipal

Após um mandato bem-sucedido como vereador, o próximo passo na carreira política proposta neste livro é a eleição para o cargo de presidente da Câmara Municipal. Esse cargo oferece ao político a oportunidade de exercer uma função de liderança dentro do legislativo municipal, coordenando os trabalhos da câmara, articulando projetos de lei e fiscalizando as ações do executivo municipal.

Neste capítulo, vamos explorar as funções e responsabilidades do presidente da Câmara Municipal, os desafios que esse cargo apresenta e como a experiência adquirida no legislativo prepara o político para avançar para cargos maiores no executivo e no legislativo.

O Papel do Presidente da Câmara

O presidente da Câmara Municipal é o líder do legislativo municipal e tem a responsabilidade de coordenar todas as atividades da câmara. Ele é responsável por garantir o bom funcionamento das sessões legislativas, por organizar a pauta de votações e por assegurar que o regimento interno da câmara seja seguido à risca. Além disso, o presidente da câmara tem a função de representar a casa legislativa em eventos oficiais e de manter um diálogo constante com o prefeito e com outras autoridades municipais.

Entre as principais funções do presidente da Câmara Municipal, destacam-se:

1. Coordenação das sessões legislativas: O presidente é responsável por abrir e encerrar as sessões da câmara, além de conduzir as discussões e as votações de projetos de lei. Ele também define a ordem do dia, priorizando os projetos que serão discutidos e votados durante as sessões.

2. Mediação entre os vereadores: O presidente da câmara tem a responsabilidade de garantir que as discussões ocorram de maneira organizada e democrática. Ele atua como mediador entre os vereadores, garantindo que todos tenham a oportunidade de expressar suas opiniões e que as decisões sejam tomadas de forma justa e transparente.

3. **Representação institucional:** O presidente da Câmara Municipal é o representante da casa legislativa em eventos oficiais e nas relações com o poder executivo. Ele deve manter um diálogo constante com o prefeito e com outras autoridades municipais, articulando projetos de lei e buscando soluções para os problemas da cidade.

4. **Gestão administrativa da câmara:** Além de suas funções políticas, o presidente da câmara também é responsável pela gestão administrativa da casa legislativa. Isso inclui a contratação de funcionários, a administração do orçamento da câmara e a manutenção da infraestrutura necessária para o bom funcionamento do legislativo.

O Desafio da Liderança no Legislativo

O cargo de presidente da Câmara Municipal apresenta uma série de desafios, principalmente no que diz respeito à liderança e à articulação política. O presidente da câmara precisa lidar com uma diversidade de opiniões e interesses entre os vereadores, o que exige uma habilidade especial para mediar conflitos e construir consensos. Em muitas câmaras municipais, há uma forte divisão partidária, e o presidente precisa ser capaz de negociar e garantir que as discussões sejam conduzidas de maneira civilizada e produtiva.

Outro desafio importante é a relação com o poder executivo. O presidente da câmara deve fiscalizar as ações do prefeito e garantir que o orçamento público seja utilizado de forma eficiente, ao mesmo tempo em que mantém uma relação de cooperação com o executivo. Isso exige um equilíbrio delicado entre a função fiscalizadora e a necessidade de articulação política para garantir a aprovação de projetos que beneficiem a cidade.

Além disso, o presidente da câmara precisa lidar com a administração interna da casa legislativa. Isso inclui a gestão do orçamento da câmara, a contratação de funcionários e a manutenção da infraestrutura necessária para o bom funcionamento das atividades legislativas. Essas responsabilidades administrativas exigem habilidades de gestão que serão úteis em cargos executivos no futuro, como o de prefeito.

Preparação para o Cargo de Prefeito

O cargo de presidente da Câmara Municipal é um passo fundamental na preparação para o cargo de prefeito. Ao liderar o legislativo municipal, o político desenvolve habilidades de articulação política, gestão de processos legislativos e administração pública, que serão essenciais quando ele assumir um papel executivo, como o de prefeito. No cargo de presidente da câmara, o político aprende a mediar interesses divergentes, a construir consensos entre diferentes grupos políticos e a garantir que as decisões sejam tomadas de forma transparente e democrática. Essas habilidades são cruciais para a liderança executiva, onde ele precisará gerenciar uma equipe diversa e enfrentar desafios complexos.

Além disso, o presidente da câmara tem um papel crucial na fiscalização do poder executivo, o que o prepara para entender a importância da transparência e da responsabilidade na gestão pública. Ao supervisionar o trabalho do prefeito e de sua equipe, o presidente da câmara adquire uma compreensão profunda das dificuldades enfrentadas pelo executivo municipal e das melhores práticas para garantir a eficiência no uso dos recursos públicos. Essa experiência será valiosa quando ele próprio estiver no cargo de prefeito, tendo que lidar diretamente com a administração pública e a execução de políticas.

Outro aspecto importante da preparação para o cargo de prefeito é a visibilidade que o presidente da câmara adquire. O cargo é de grande destaque no cenário político local, e o presidente da câmara muitas vezes se torna uma figura central nas discussões sobre políticas públicas e questões que afetam diretamente a cidade. Isso lhe proporciona uma plataforma para construir uma base de apoio político e popular, que poderá ser usada como alavanca em uma futura candidatura ao executivo.

Desafios Políticos e Administrativos

Um dos maiores desafios enfrentados pelo presidente da Câmara Municipal é a gestão da diversidade de opiniões e interesses entre os vereadores. A câmara é composta por representantes eleitos por diferentes segmentos da população, e muitas vezes há uma ampla gama de ideologias políticas, interesses partidários e prioridades divergentes. O presidente da câmara precisa ser habilidoso para manter a ordem durante as sessões, garantir que todas as vozes sejam ouvidas e, ao mesmo tempo, promover um ambiente de trabalho colaborativo e eficiente.

Além disso, há a necessidade de gerenciar a relação com o prefeito. Embora o presidente da câmara tenha a função de fiscalizar o executivo, ele também precisa manter um diálogo aberto com o prefeito para garantir que os projetos de lei que beneficiam a cidade sejam aprovados e implementados. Essa dualidade — a de ser tanto fiscalizador quanto parceiro do prefeito — requer uma sensibilidade política apurada, onde o presidente da câmara deve ser firme em suas responsabilidades, mas ao mesmo tempo flexível o suficiente para construir alianças que beneficiem a população.

No campo administrativo, o presidente da câmara precisa garantir que os recursos da casa legislativa sejam bem geridos. Isso inclui a responsabilidade de fazer uma gestão transparente do orçamento da câmara, cuidar da infraestrutura física e digital, supervisionar a contratação e o trabalho dos funcionários da casa, além de garantir que as comissões legislativas funcionem adequadamente. Esse trabalho de bastidores é essencial para o bom funcionamento da câmara e ajuda o presidente a desenvolver habilidades de gestão pública que serão fundamentais em cargos executivos maiores.

Como o Cargo de Presidente da Câmara Prepara para Cargos Maiores

O cargo de presidente da Câmara Municipal é um ponto estratégico na carreira política, preparando o político para ocupar cargos executivos maiores, como o de prefeito e, eventualmente, o de governador. Ao liderar o legislativo municipal, o político desenvolve habilidades cruciais de liderança, gestão e articulação política que serão extremamente úteis em posições mais altas.

No cargo de presidente da câmara, o político adquire uma visão global do funcionamento da cidade, pois ele participa de debates e votações sobre todos os aspectos da vida urbana, desde o transporte público até a segurança e o desenvolvimento urbano. Isso lhe dá uma compreensão profunda dos desafios enfrentados pelos gestores públicos e das soluções possíveis para melhorar a qualidade de vida da população.

Além disso, o presidente da câmara aprende a lidar com a pressão da opinião pública e da mídia, que frequentemente acompanha de perto as atividades legislativas e exige respostas rápidas e soluções eficazes para os problemas da cidade. Essa experiência ajuda o político a desenvolver resiliência e habilidades de comunicação, que serão essenciais para cargos de maior visibilidade, como o de prefeito.

Outro fator importante é a construção de uma rede de contatos políticos e sociais. Como presidente da câmara, o político tem a oportunidade de interagir com líderes comunitários, empresários, organizações civis e outras autoridades municipais. Essas conexões são fundamentais para a construção de alianças políticas que o ajudarão a avançar em sua carreira e a obter apoio para futuras campanhas eleitorais.

O Papel do Presidente da Câmara no Desenvolvimento de Políticas Públicas

O presidente da Câmara Municipal também desempenha um papel importante no desenvolvimento de políticas públicas para a cidade. Embora a criação de projetos de lei seja uma função de todos os vereadores, o presidente da câmara tem a responsabilidade de organizar a pauta de votações e de garantir que as políticas mais urgentes e relevantes sejam discutidas e aprovadas pela câmara.

Além disso, o presidente da câmara pode atuar como mediador entre os vereadores e o prefeito, facilitando o diálogo e garantindo que as políticas públicas sejam implementadas de forma coordenada entre o legislativo e o executivo. Essa capacidade de articulação política é essencial para o desenvolvimento de políticas eficazes e para a promoção de iniciativas que realmente atendam às necessidades da população.

Ao liderar o desenvolvimento de políticas públicas no nível municipal, o presidente da câmara adquire uma compreensão prática de como as leis e os programas municipais afetam diretamente a vida das pessoas. Ele também desenvolve habilidades importantes de planejamento estratégico e gestão de recursos, que serão úteis em cargos executivos, onde ele precisará implementar políticas em uma escala ainda maior.

Conclusão

O cargo de presidente da Câmara Municipal é um passo fundamental na trajetória política proposta neste livro. Ele oferece ao político a oportunidade de exercer uma função de liderança dentro do legislativo municipal, coordenando os trabalhos da câmara, articulando projetos de lei e fiscalizando o poder executivo. Além disso, o presidente da câmara desenvolve habilidades essenciais de gestão, articulação política e mediação de conflitos, que o preparam para cargos maiores no executivo e no legislativo.

A experiência adquirida nesse cargo é valiosa não apenas pelo aprendizado prático, mas também pela visibilidade política que o presidente da câmara ganha, o que pode ser utilizado para construir uma base sólida de apoio popular e político. Com essa base, ele estará preparado para avançar para o cargo de prefeito, onde suas habilidades de liderança e gestão serão postas à prova em um nível ainda mais alto.

No próximo capítulo, discutiremos o papel de subprefeito, um cargo de transição no executivo municipal, que oferece ao político a oportunidade de adquirir experiência prática na gestão pública antes de se candidatar ao cargo de prefeito.

Capítulo 5: Subprefeito

O cargo de subprefeito, proposto como uma etapa intermediária na carreira política, representa um avanço significativo em relação às funções legislativas desempenhadas anteriormente, como vereador e presidente da Câmara Municipal. A função de subprefeito é essencialmente executiva, e oferece ao político a oportunidade de demonstrar sua capacidade de administrar uma região específica da cidade, gerenciando serviços públicos e atendendo às necessidades da população de maneira mais direta e pragmática. Neste capítulo, abordaremos as responsabilidades, desafios e a importância desse cargo na preparação para o próximo passo na carreira política: a candidatura ao cargo de prefeito.

O que é um Subprefeito?

O subprefeito é o administrador responsável por uma área delimitada dentro de uma cidade. Nas grandes metrópoles, as subprefeituras são estabelecidas para descentralizar a administração pública e garantir que as demandas específicas de cada região sejam atendidas de maneira mais eficiente. O subprefeito, portanto, é a autoridade máxima dentro de sua área de atuação e responde diretamente ao prefeito.

Ao ocupar o cargo de subprefeito, o político se encarrega da gestão dos serviços públicos em sua região, da fiscalização de obras e da articulação com os órgãos centrais do governo municipal. Essa posição exige que ele tenha um conhecimento profundo das particularidades locais, bem como a habilidade de negociar com diferentes atores políticos e administrativos para garantir que as políticas públicas sejam implementadas de forma eficiente e equitativa.

Funções e Atribuições do Subprefeito

O subprefeito tem uma série de responsabilidades que exigem habilidade prática em gestão pública. Suas principais atribuições incluem:

1. **Gestão de Serviços Públicos Locais:** O subprefeito é responsável por garantir que os serviços como coleta de lixo, manutenção de ruas e praças,

iluminação pública, e saneamento básico sejam realizados de forma eficiente. Ele é o principal elo entre a comunidade local e os serviços prestados pelo governo municipal.

2. **Fiscalização de Obras e Infraestrutura:** O subprefeito participa ativamente do planejamento e da fiscalização de obras públicas em sua área. Isso inclui supervisionar a implementação de projetos de infraestrutura, garantir que as obras estejam em conformidade com os prazos e o orçamento, e verificar se estão sendo executadas de acordo com as normas de qualidade.

3. **Gestão Orçamentária:** O subprefeito é responsável pela administração do orçamento da sua subprefeitura. Ele precisa fazer uma gestão eficiente dos recursos, alocando-os de acordo com as prioridades locais e buscando soluções que atendam às necessidades da população sem ultrapassar os limites orçamentários.

4. **Atendimento à População:** Uma das principais funções do subprefeito é estar em contato direto com a população, ouvindo suas demandas e trabalhando para solucionar problemas. Ele é o representante da administração municipal naquela região e precisa garantir que as políticas públicas sejam implementadas de acordo com as especificidades locais.

5. **Articulação com o Prefeito e Outras Subprefeituras:** O subprefeito precisa trabalhar em estreita colaboração com o prefeito e as demais subprefeituras da cidade. Ele deve assegurar que as políticas implementadas em sua área estejam alinhadas com as diretrizes da administração central e coordenadas com as políticas das outras regiões da cidade.

Desafios do Cargo de Subprefeito

O cargo de subprefeito apresenta uma série de desafios únicos, diferentes dos encontrados no legislativo. Enquanto o vereador trabalha na criação de leis e na fiscalização do executivo, o subprefeito lida diretamente com a execução das políticas públicas e a administração diária de uma parte da cidade. Isso significa que ele está constantemente sob o escrutínio da população e do governo central para garantir que os serviços públicos estejam funcionando de maneira eficiente.

Um dos principais desafios enfrentados pelo subprefeito é a gestão de recursos limitados. As subprefeituras geralmente possuem orçamentos específicos e limitados, o que obriga o subprefeito a fazer escolhas estratégicas sobre onde alocar os recursos. Ele deve ser capaz de priorizar as demandas mais urgentes, ao mesmo tempo em que busca soluções inovadoras para maximizar o impacto dos recursos disponíveis.

Outro desafio é a diversidade de demandas dentro da própria área de atuação. Em uma grande cidade, as subprefeituras muitas vezes abrangem regiões com características socioeconômicas muito distintas, o que significa que o subprefeito precisa ser capaz de lidar com uma ampla gama de problemas. Isso inclui desde questões de infraestrutura básica, como saneamento e pavimentação, até problemas mais complexos relacionados à segurança, educação e saúde.

Preparação para o Cargo de Prefeito

O cargo de subprefeito oferece uma experiência fundamental para preparar o político para o cargo de prefeito. Diferente do vereador, que atua no legislativo, o subprefeito já está inserido no poder executivo, lidando diretamente com a gestão pública. Ele aprende a tomar decisões rápidas e eficientes, a coordenar equipes de trabalho e a gerenciar orçamentos, tudo isso enquanto mantém um diálogo próximo com a população e com o governo central.

Essa experiência prática na gestão pública oferece ao subprefeito uma visão clara dos desafios enfrentados pela administração de uma cidade. Ele já tem a oportunidade de liderar uma parte da cidade, de tomar decisões importantes sobre a alocação de recursos e de enfrentar crises locais, como desastres naturais ou problemas de segurança pública. Essas habilidades são essenciais para o cargo de prefeito, onde o político terá que lidar com esses mesmos desafios, mas em uma escala ainda maior.

Além disso, o subprefeito também tem a oportunidade de construir uma rede de contatos políticos e administrativos que será útil em sua futura carreira. Ao trabalhar em estreita colaboração com o prefeito, vereadores, secretários municipais e outros atores políticos, ele desenvolve uma rede de apoio que pode ser essencial para sua candidatura ao cargo de prefeito ou outros cargos no executivo.

A Importância da Experiência no Executivo

Uma das grandes vantagens de passar pelo cargo de subprefeito antes de se candidatar a prefeito é a experiência adquirida na gestão executiva. Muitos políticos chegam ao cargo de prefeito ou governador sem nunca terem trabalhado diretamente com a administração pública, o que pode resultar em dificuldades para entender como a máquina pública funciona e para gerenciar de forma eficiente os recursos disponíveis.

O subprefeito, por outro lado, já tem essa experiência prática. Ele já lidou com a burocracia, já coordenou equipes e projetos e já enfrentou os desafios de implementar políticas públicas em uma região específica. Essa bagagem de conhecimento e prática será essencial para que ele possa assumir o cargo de prefeito com confiança e eficácia.

Além disso, o subprefeito desenvolve uma compreensão mais profunda das políticas públicas e de como elas impactam diretamente a vida das pessoas. Ele está em contato constante com a população e com suas necessidades, o que garante que ele esteja mais preparado para tomar decisões que realmente beneficiem a cidade como um todo. Essa perspectiva prática é algo que muitos políticos que não passaram por cargos executivos carecem, e isso pode ser uma grande vantagem na hora de governar uma cidade ou estado.

A Relação com a População

O subprefeito também tem a vantagem de estar em contato direto com a população durante o seu mandato. Esse contato é essencial para construir uma base de apoio político e para garantir que suas decisões estejam sempre alinhadas com os interesses da comunidade. A experiência de ouvir diretamente as demandas dos moradores e de resolver problemas em nível local é fundamental para preparar o político para cargos maiores.

A relação com a população também oferece ao subprefeito uma oportunidade única de demonstrar suas habilidades de liderança e de ganhar a confiança dos eleitores. Se ele for bem-sucedido em seu mandato, promovendo melhorias reais na qualidade de vida da população, ele terá construído uma reputação sólida, que poderá ser utilizada em uma futura candidatura ao cargo de prefeito.

Conclusão

O cargo de subprefeito é uma etapa essencial na carreira política proposta neste livro. Ele oferece ao político a oportunidade de adquirir experiência prática na gestão pública, de desenvolver habilidades de liderança e de construir uma rede de contatos políticos e administrativos. Ao lidar diretamente com a implementação de políticas públicas e com a gestão de uma região específica da cidade, o subprefeito adquire o conhecimento e as habilidades necessárias para avançar para cargos executivos maiores, como o de prefeito.

Além disso, o contato direto com a população garante que o subprefeito esteja sempre em sintonia com as necessidades dos cidadãos, o que é essencial para a construção de uma carreira política bem-sucedida e para o desenvolvimento de políticas públicas eficazes. Com a experiência adquirida no cargo de subprefeito, o político estará preparado para enfrentar os desafios do cargo de prefeito, onde suas habilidades de gestão e liderança serão postas à prova em uma escala ainda maior.

No próximo capítulo, discutiremos o cargo de prefeito municipal, o ápice da administração pública no nível local, e como a experiência anterior prepara o político para essa função crucial.

Capítulo 6: Prefeito Municipal

O cargo de prefeito representa o ápice da administração pública no nível municipal. É o prefeito quem lidera a cidade, sendo responsável por planejar e implementar políticas públicas, administrar o orçamento municipal e coordenar a prestação de serviços essenciais à população, como saúde, educação, segurança e infraestrutura. A ascensão ao cargo de prefeito é um passo decisivo na carreira política proposta neste livro, e ela só deve ocorrer após o político ter adquirido experiência prática em outros cargos executivos, como o de subprefeito.

Neste capítulo, exploraremos as funções e responsabilidades do prefeito, os desafios associados ao cargo, e como a experiência anterior como subprefeito e vereador prepara o político para enfrentar as complexidades da administração pública em uma escala maior.

A Candidatura ao Cargo de Prefeito

A candidatura ao cargo de prefeito é um dos momentos mais importantes na carreira política de um indivíduo. Ao se candidatar para liderar uma cidade, o político deve apresentar uma visão clara para o futuro do município, um plano de governo detalhado e uma estratégia para implementar políticas públicas eficazes que melhorem a qualidade de vida da população. No modelo de carreira política proposto, o candidato ao cargo de prefeito deve ter acumulado experiência prévia como subprefeito, o que garante que ele tenha uma compreensão prática das demandas e desafios da gestão pública.

A campanha para prefeito é significativamente mais complexa do que as campanhas para cargos legislativos ou para subprefeituras. O candidato precisa mobilizar uma ampla base de apoio, construindo alianças com líderes comunitários, empresários e organizações sociais. Além disso, ele deve ser capaz de se comunicar com uma população diversa, articulando suas propostas de forma que atendam às necessidades de diferentes grupos sociais e econômicos.

No modelo de progressão gradual, a candidatura a prefeito também envolve um componente adicional de validação pelos presidentes das associações de bairro, que representam as bases comunitárias do município. Isso reforça a importância de o candidato estar conectado com as demandas populares desde o início de sua carreira, garantindo que sua candidatura tenha uma forte base de apoio nas comunidades locais.

Funções e Atribuições do Prefeito

O prefeito é a figura central na administração pública municipal, responsável por gerir a cidade em todos os aspectos. Suas principais funções e atribuições incluem:

1. **Gestão do Poder Executivo Municipal:** O prefeito é o chefe do poder executivo local e tem a responsabilidade de coordenar todas as secretarias municipais, como saúde, educação, segurança, transporte, infraestrutura e assistência social. Ele deve garantir que as políticas públicas sejam implementadas de forma eficiente e que os serviços essenciais sejam prestados à população com qualidade.

2. **Elaboração e Execução do Orçamento:** O prefeito é responsável pela elaboração do orçamento municipal, que precisa ser aprovado pela Câmara Municipal. Ele deve garantir que os recursos públicos sejam alocados de maneira eficiente e que as áreas prioritárias, como saúde e educação, recebam os investimentos necessários. Além disso, o prefeito deve supervisionar a execução orçamentária, garantindo que os recursos sejam utilizados de forma transparente e em conformidade com a legislação.

3. **Criação e Implementação de Políticas Públicas:** O prefeito tem a responsabilidade de formular políticas públicas que atendam às demandas da população e promovam o desenvolvimento da cidade. Isso envolve a criação de programas de saúde, educação, segurança, transporte, habitação, meio ambiente, entre outros. Ele deve trabalhar em parceria com a Câmara Municipal para garantir que essas políticas sejam aprovadas e implementadas de forma eficaz.

4. **Representação Institucional:** O prefeito é o representante máximo da cidade em todas as esferas. Ele representa o município nas relações com o governo estadual e federal, com outras cidades e com o setor privado. Além disso, o prefeito é responsável por atrair investimentos para o município, promover

parcerias público-privadas e participar de eventos e fóruns que possam contribuir para o desenvolvimento da cidade.

5. **Liderança em Crises e Emergências:** O prefeito também tem um papel fundamental em situações de crise, como desastres naturais, crises de saúde pública ou problemas de segurança. Ele precisa agir rapidamente, mobilizando os recursos necessários para enfrentar a emergência e garantindo que a população seja protegida e assistida.

Desafios do Cargo de Prefeito

O cargo de prefeito envolve uma série de desafios complexos, que exigem uma combinação de habilidades administrativas, políticas e de liderança. Um dos principais desafios é a gestão orçamentária. Em muitos municípios brasileiros, os recursos públicos são limitados, o que obriga o prefeito a tomar decisões difíceis sobre onde investir. Ele precisa equilibrar as demandas da população com as restrições orçamentárias, garantindo que as áreas mais críticas recebam os investimentos necessários.

Outro desafio importante é a necessidade de articular e negociar com a Câmara Municipal. Embora o prefeito seja o chefe do poder executivo, ele não governa sozinho. A Câmara Municipal tem o poder de aprovar ou rejeitar o orçamento e as políticas públicas propostas pelo prefeito, o que significa que ele precisa construir alianças e garantir apoio político para implementar suas propostas.

Além disso, o prefeito enfrenta a pressão constante da opinião pública e da mídia. A população espera que ele resolva rapidamente os problemas da cidade, e a mídia acompanha de perto suas ações e decisões. O prefeito precisa ser transparente em sua administração e estar preparado para lidar com crises políticas e de comunicação.

A diversidade das demandas também é um desafio. Em grandes cidades, as necessidades dos diferentes bairros e regiões podem ser muito diferentes. O prefeito precisa ser capaz de atender às demandas de áreas periféricas, que muitas vezes carecem de serviços básicos, ao mesmo tempo em que lida com questões mais complexas em áreas centrais, como mobilidade urbana e desenvolvimento econômico.

Como a Experiência Anterior Prepara o Prefeito

A experiência anterior como subprefeito e vereador é essencial para preparar o político para o cargo de prefeito. Ao trabalhar como subprefeito, o político já teve a oportunidade de gerenciar uma parte da cidade, coordenando a prestação de serviços públicos e implementando políticas locais. Ele também aprendeu a lidar com a burocracia da administração pública e a gerenciar um orçamento limitado, habilidades que são essenciais no cargo de prefeito.

Além disso, a experiência como vereador oferece ao futuro prefeito uma compreensão do processo legislativo e da importância de construir alianças políticas. Como vereador, o político já aprendeu a negociar com seus colegas na Câmara Municipal, a propor leis e a fiscalizar o poder executivo. Essa experiência é valiosa para o cargo de prefeito, onde ele precisará garantir que suas políticas sejam aprovadas pela câmara e implementadas de forma eficaz.

Outro aspecto importante da preparação para o cargo de prefeito é a compreensão das demandas populares. O político que passou pelos cargos de subprefeito e vereador já teve contato direto com a população e entende os problemas que afetam a vida cotidiana das pessoas. Ele está mais preparado para tomar decisões que realmente atendam às necessidades da população e para liderar a cidade de forma eficiente e responsável.

A Relação com o Governo Estadual e Federal

O prefeito também precisa trabalhar em estreita colaboração com o governo estadual e federal para garantir que a cidade receba os recursos e investimentos necessários para seu desenvolvimento. Isso inclui buscar parcerias e convênios com esses governos para a implementação de projetos de infraestrutura, saúde, educação e segurança, além de negociar a alocação de recursos de fundos estaduais e federais.

Essa articulação política com outras esferas de governo é fundamental para o sucesso do prefeito, pois muitas vezes os recursos disponíveis no nível municipal são insuficientes para atender a todas as demandas da cidade. O prefeito precisa ser capaz de construir boas relações com o governador e com o presidente da República, buscando sempre o melhor para sua cidade.

A Importância do Engajamento Popular

Além de gerenciar a administração pública, o prefeito também precisa garantir que a população esteja engajada no processo de tomada de decisões. Isso inclui promover a participação popular em audiências públicas, conselhos municipais e outras formas de diálogo com a comunidade. Um prefeito bem-sucedido é aquele que está sempre em contato com a população, ouvindo suas demandas e trabalhando para atender suas necessidades.

O engajamento popular é essencial para a construção de uma administração pública mais transparente e responsável. Quando a população está envolvida no processo de governança, ela tem mais confiança no governo e se sente mais representada nas decisões políticas. Isso fortalece a legitimidade do prefeito e contribui para a estabilidade política do município.

Conclusão

O cargo de prefeito municipal é o ápice da administração pública local e representa um dos maiores desafios na carreira política proposta neste livro. O prefeito é responsável por liderar a cidade, implementando políticas públicas que melhorem a qualidade de vida da população, gerenciando o orçamento municipal e coordenando os serviços essenciais.

A experiência anterior como subprefeito e vereador é essencial para preparar o político para os desafios desse cargo. Ao lidar diretamente com a administração pública, o subprefeito aprende a gerenciar recursos, implementar políticas e atender às demandas da população. A experiência como vereador oferece ao futuro prefeito uma compreensão do processo legislativo e das habilidades políticas necessárias para construir alianças e implementar suas propostas.

O prefeito também enfrenta uma série de desafios, como a gestão de recursos limitados, a articulação com a Câmara Municipal e a pressão constante da opinião pública. No entanto, com a preparação adequada e o compromisso com o bem público, ele tem a oportunidade de liderar a cidade de forma eficaz e responsável, promovendo o desenvolvimento urbano e melhorando a qualidade de vida da população.

No próximo capítulo, discutiremos o cargo de deputado estadual, uma posição legislativa em nível estadual que oferece ao político a oportunidade de expandir sua atuação política e influenciar diretamente as políticas públicas de seu estado.

Capítulo 7: Deputado Estadual

O cargo de deputado estadual representa um avanço significativo na carreira política, ampliando a esfera de atuação do político para além do nível municipal e proporcionando uma visão mais ampla dos desafios e necessidades do estado. Como representante dos cidadãos em nível estadual, o deputado estadual é responsável pela criação de leis que afetam diretamente a vida da população e pela fiscalização do governo estadual. O trabalho no legislativo estadual também exige uma habilidade política mais refinada, já que o deputado precisa lidar com questões de interesse regional, nacional e, em alguns casos, até internacional.

Neste capítulo, vamos explorar as funções e responsabilidades do deputado estadual, os desafios associados ao cargo, e como a experiência anterior nos níveis municipal e executivo local prepara o político para atuar no legislativo estadual.

A Candidatura ao Cargo de Deputado Estadual

No modelo de carreira política proposto, a candidatura ao cargo de deputado estadual só deve ocorrer após o político ter adquirido uma experiência significativa na gestão pública local, como subprefeito e prefeito, além de atuação no legislativo municipal. Essa trajetória gradual garante que o candidato ao cargo de deputado estadual tenha uma visão prática dos problemas enfrentados pela população e uma compreensão profunda das políticas públicas necessárias para solucioná-los.

A campanha para deputado estadual requer uma base de apoio maior do que as campanhas em nível municipal. O candidato deve ser capaz de articular propostas que atendam às necessidades de diferentes regiões do estado e construir alianças políticas com líderes regionais e comunitários. Além disso, o político precisa demonstrar que tem a experiência e a capacidade de representar a população em um nível mais amplo, atuando em questões que transcendem os limites de uma única cidade.

A experiência prévia no cargo de prefeito, por exemplo, oferece ao candidato uma vantagem importante. Ele já demonstrou sua capacidade de liderança e de gestão pública, e pode utilizar suas realizações no nível municipal como uma plataforma para construir sua candidatura em nível estadual. Além disso, a proximidade com os eleitores no nível local garante que o candidato tenha uma base sólida de apoio popular, o que é essencial para vencer uma eleição em um cenário mais competitivo.

Funções e Atribuições do Deputado Estadual

O deputado estadual tem a responsabilidade de representar os interesses da população de seu estado na Assembleia Legislativa, criando leis, fiscalizando o governo estadual e articulando políticas públicas que atendam às necessidades da população. Suas principais funções e atribuições incluem:

1. **Criação de Leis Estaduais:** O deputado estadual tem o poder de propor projetos de lei que abordem questões regionais, como transporte, segurança, saúde, educação, meio ambiente e desenvolvimento econômico. Ele também participa do processo de análise e votação de projetos de lei apresentados por outros deputados e pelo governador, garantindo que as leis aprovadas sejam compatíveis com os interesses da população e respeitem os princípios constitucionais.

2. **Fiscalização do Governo Estadual:** O deputado estadual tem a função de fiscalizar as ações do governador e da administração estadual. Isso inclui a análise do orçamento estadual, a verificação da aplicação dos recursos públicos e a investigação de possíveis irregularidades na gestão do governo. A fiscalização é feita por meio de comissões permanentes ou temporárias, além de outras ferramentas legislativas, como pedidos de informações e criação de comissões parlamentares de inquérito (CPIs).

3. **Aprovação do Orçamento Estadual:** O deputado estadual tem um papel crucial na aprovação do orçamento do estado. Ele deve analisar a proposta de orçamento enviada pelo governador, garantindo que os recursos sejam alocados de maneira eficiente e que as áreas prioritárias, como saúde, educação e segurança, recebam os investimentos necessários. Além disso, o deputado estadual pode propor emendas ao orçamento, ajustando a alocação de recursos de acordo com as demandas da população.

4. **Participação em Comissões Legislativas:** Os deputados estaduais participam de comissões temáticas, onde são discutidos e analisados projetos de lei em áreas específicas, como saúde, educação, segurança, meio ambiente e transporte. As comissões legislativas são fundamentais para o aprofundamento das discussões e para garantir que os projetos de lei sejam analisados de forma técnica e abrangente antes de serem votados pelo plenário.

5. **Intermediação entre o Governo Estadual e os Municípios:** O deputado estadual também serve como elo entre o governo estadual e os municípios. Ele deve garantir que os interesses dos municípios sejam representados nas discussões estaduais e que as políticas implementadas pelo governo estadual atendam às necessidades das cidades. Isso inclui a articulação de emendas parlamentares e convênios que permitam o repasse de recursos para obras e projetos municipais.

Desafios do Cargo de Deputado Estadual

O cargo de deputado estadual apresenta uma série de desafios complexos, que exigem habilidades políticas, de articulação e de gestão pública. Um dos principais desafios é a diversidade de demandas que o deputado precisa enfrentar. Enquanto o prefeito se concentra nos problemas de uma cidade específica, o deputado estadual representa uma população muito maior e mais diversa, que inclui municípios com diferentes realidades econômicas, sociais e culturais. O deputado precisa ser capaz de equilibrar essas demandas regionais, garantindo que suas propostas atendam tanto às necessidades das áreas urbanas quanto das regiões rurais.

Outro desafio importante é a articulação política. O deputado estadual precisa negociar com seus colegas na Assembleia Legislativa, com o governador e com outras lideranças políticas para garantir que suas propostas sejam aprovadas e implementadas. Muitas vezes, as negociações envolvem concessões e acordos, e o deputado precisa ser habilidoso em construir alianças e formar consensos sem comprometer seus princípios ou os interesses da população que representa.

Além disso, o deputado estadual enfrenta a pressão constante da opinião pública e da mídia. Como representante eleito, ele está sempre sob o escrutínio dos eleitores, que esperam que ele resolva os problemas do estado de forma eficaz e rápida. O deputado precisa ser transparente em suas ações, prestando contas regularmente à população e explicando suas decisões e votos de maneira clara e acessível.

Como a Experiência Anterior Prepara o Deputado Estadual

A experiência anterior como prefeito e subprefeito oferece ao deputado estadual uma base sólida de conhecimento e habilidades que serão fundamentais para o sucesso no legislativo estadual. Como prefeito, o político já teve a oportunidade de liderar a administração pública em nível municipal, implementando políticas públicas, gerenciando orçamentos e resolvendo problemas de forma prática. Essa experiência executiva é valiosa no cargo de deputado estadual, onde ele precisará avaliar propostas de lei e orçamentos com base em sua compreensão realista das necessidades da população e das limitações do governo.

Além disso, a experiência como vereador oferece ao deputado estadual uma compreensão profunda do processo legislativo e das habilidades políticas necessárias para construir alianças e negociar com colegas e autoridades. O deputado que já passou pelo legislativo municipal está mais preparado para lidar com as complexidades das negociações políticas em nível estadual, e tem uma vantagem significativa em termos de articulação política.

Outro aspecto importante da preparação para o cargo de deputado estadual é o contato direto com a população. O político que iniciou sua carreira em associações de bairro e passou pelos cargos de vereador e prefeito tem uma conexão mais próxima com as demandas populares e uma compreensão mais profunda dos problemas que afetam a vida cotidiana dos cidadãos. Isso o torna mais sensível às necessidades da população e mais preparado para representar os interesses dos eleitores na Assembleia Legislativa.

A Relação com o Governo Estadual

O deputado estadual precisa manter uma relação de cooperação, mas também de fiscalização, com o governo estadual. Ele deve trabalhar em conjunto com o governador para garantir que as políticas públicas sejam implementadas de forma eficaz e que os recursos sejam alocados de maneira adequada. Ao mesmo tempo, o deputado estadual tem a responsabilidade de fiscalizar o governo, garantindo que o executivo cumpra suas obrigações e respeite a legislação estadual.

Essa dualidade — cooperação e fiscalização — exige habilidades políticas refinadas. O deputado precisa ser capaz de negociar com o governador para garantir que as demandas de sua base eleitoral sejam atendidas, sem abrir mão de sua função fiscalizadora. Ele também precisa manter um diálogo constante com as lideranças municipais, garantindo que as cidades de seu estado recebam os recursos e investimentos necessários para seu desenvolvimento.

A Importância da Representação Regional

O deputado estadual também desempenha um papel fundamental na representação dos interesses regionais dentro do estado. Muitas vezes, as áreas rurais e periféricas enfrentam dificuldades para serem ouvidas no governo estadual, e cabe ao deputado estadual garantir que essas regiões recebam a atenção e os investimentos necessários. Isso inclui lutar por melhorias na infraestrutura, na saúde e na educação, além de promover políticas de desenvolvimento econômico que beneficiem todas as regiões do estado.

A representação regional também envolve a articulação de políticas públicas que sejam sensíveis às realidades locais. O deputado estadual precisa estar em constante contato com as lideranças comunitárias e com os prefeitos de sua região, ouvindo suas demandas e buscando soluções que possam ser implementadas em nível estadual.

Conclusão

O cargo de deputado estadual é um passo crucial na carreira política proposta neste livro, oferecendo ao político a oportunidade de representar a população em nível estadual e de influenciar diretamente as políticas públicas que afetam o desenvolvimento de seu estado. O deputado estadual tem a responsabilidade de criar leis, fiscalizar o governo estadual e garantir que os recursos públicos sejam utilizados de forma eficiente e transparente.

A experiência anterior como prefeito e subprefeito oferece ao deputado estadual uma base sólida de habilidades e conhecimentos que serão fundamentais para o sucesso no legislativo estadual. Ao lidar diretamente com a administração pública, o político adquire uma compreensão prática dos desafios enfrentados pela população e das políticas necessárias para solucioná-los.

No próximo capítulo, discutiremos o cargo de deputado federal, que representa a ampliação dessa responsabilidade para o nível nacional, oferecendo ao político a oportunidade de influenciar as políticas públicas do país como um todo.

Capítulo 8: Deputado Federal

O cargo de deputado federal marca um momento crucial na carreira política do indivíduo, ampliando sua atuação para o cenário nacional e oferecendo a oportunidade de influenciar diretamente as políticas públicas do país como um todo. Ao contrário do deputado estadual, que atua em questões regionais, o deputado federal tem a responsabilidade de legislar sobre temas de alcance nacional, como economia, segurança, saúde, educação e meio ambiente. Além disso, ele desempenha um papel fundamental na fiscalização do governo federal e na articulação política entre os diferentes estados.

Neste capítulo, vamos explorar as funções e responsabilidades do deputado federal, os desafios associados ao cargo e como a experiência anterior nos níveis estadual, municipal e executivo prepara o político para atuar no Congresso Nacional.

A Candidatura ao Cargo de Deputado Federal

No modelo de carreira política proposto, a candidatura ao cargo de deputado federal ocorre após o político ter acumulado uma experiência significativa em cargos de menor escala, como vereador, subprefeito, prefeito e deputado estadual. Essa progressão garante que o candidato ao cargo de deputado federal tenha uma sólida base de conhecimento sobre os problemas enfrentados pela população e uma compreensão clara das políticas públicas necessárias para solucioná-los.

A campanha para deputado federal é substancialmente maior em termos de alcance e complexidade. O candidato precisa mobilizar uma ampla base de apoio, que abrange diferentes regiões do estado, e apresentar propostas que atendam às necessidades de uma população diversa. Além disso, ele deve demonstrar sua capacidade de representar o estado no cenário nacional, articulando políticas públicas que tenham impacto em todo o país.

A experiência prévia como prefeito e deputado estadual oferece ao candidato uma vantagem importante. Ele já demonstrou sua capacidade de liderança e gestão pública em níveis locais e regionais e pode usar suas realizações como base para sua candidatura em nível federal. Além disso, o contato direto com os eleitores nos níveis municipal e estadual garante que o candidato tenha uma base de apoio forte e consolidada, essencial para vencer uma eleição em um cenário nacional mais competitivo.

Funções e Atribuições do Deputado Federal

O deputado federal é o representante da população no Congresso Nacional e tem a responsabilidade de legislar sobre questões de âmbito nacional, fiscalizar o governo federal e aprovar o orçamento da União. Suas principais funções e atribuições incluem:

1. **Criação de Leis Nacionais:** O deputado federal tem o poder de propor projetos de lei que tratam de questões de interesse nacional, como economia, segurança, educação, saúde, meio ambiente e infraestrutura. Além disso, ele participa do processo de análise e votação de projetos de lei apresentados por outros deputados, senadores e pelo presidente da República. O objetivo é garantir que as leis aprovadas sejam compatíveis com os interesses da população e que estejam em conformidade com a Constituição Federal.

2. **Fiscalização do Governo Federal:** O deputado federal tem a função de fiscalizar as ações do presidente da República e da administração pública federal. Isso inclui a análise da execução orçamentária, a verificação da aplicação dos recursos públicos e a investigação de possíveis irregularidades no governo. A fiscalização é realizada por meio de comissões permanentes, temporárias ou parlamentares de inquérito (CPIs), além de outros instrumentos legislativos, como requerimentos de informação.

3. **Aprovação do Orçamento da União:** O deputado federal desempenha um papel crucial na aprovação do orçamento da União. Ele deve analisar a proposta de orçamento enviada pelo presidente da República, garantindo que os recursos sejam alocados de maneira eficiente e que áreas prioritárias, como saúde, educação, segurança e infraestrutura, recebam os investimentos necessários. O deputado federal também pode propor emendas ao orçamento, ajustando a alocação de recursos para melhor atender às demandas da população.

4. **Participação em Comissões Parlamentares:** No Congresso Nacional, os deputados federais participam de comissões temáticas responsáveis por discutir e analisar projetos de lei em áreas específicas, como saúde, educação, segurança, meio ambiente e finanças. Essas comissões são essenciais para o aprofundamento dos debates e para garantir que as leis sejam analisadas de forma técnica e abrangente antes de serem votadas no plenário da Câmara dos Deputados.

5. **Representação dos Estados no Congresso:** Embora o deputado federal tenha uma função nacional, ele também é responsável por representar os interesses de seu estado no Congresso. Isso inclui a articulação de emendas parlamentares e a busca por investimentos federais para projetos de desenvolvimento local. O deputado federal deve garantir que as demandas de seu estado sejam ouvidas nas discussões nacionais e que sua atuação beneficie tanto sua base eleitoral quanto o país como um todo.

Desafios do Cargo de Deputado Federal

O cargo de deputado federal apresenta uma série de desafios complexos que exigem habilidades políticas, de articulação e de negociação em um nível mais elevado. Um dos principais desafios é a amplitude das questões que o deputado precisa enfrentar. Enquanto o deputado estadual lida principalmente com questões regionais, o deputado federal é responsável por discutir e votar leis que afetam todo o país. Isso exige um conhecimento profundo sobre temas variados, como economia, segurança pública, educação, saúde e meio ambiente, além da capacidade de analisar o impacto dessas leis em diferentes regiões do Brasil.

Outro desafio importante é a articulação política dentro do Congresso Nacional. O deputado federal precisa negociar com colegas de diferentes estados e partidos políticos, além de lidar com as demandas do governo federal e das lideranças partidárias. Muitas vezes, as negociações envolvem concessões e acordos complexos, e o deputado precisa ser habilidoso em construir alianças e formar consensos sem comprometer seus princípios ou os interesses de seus eleitores.

Além disso, o deputado federal enfrenta uma pressão constante da opinião pública e da mídia. Como representante eleito, ele está sempre sob o escrutínio dos eleitores, que esperam que ele resolva os problemas do país de forma eficaz e rápida. O deputado precisa ser transparente em suas ações, prestando contas regularmente à população e explicando suas decisões e votos de maneira clara e acessível.

Como a Experiência Anterior Prepara o Deputado Federal

A experiência anterior como prefeito e deputado estadual oferece ao deputado federal uma base sólida de habilidades e conhecimentos que serão fundamentais para o sucesso no Congresso Nacional. Como prefeito, o político já teve a oportunidade de liderar a administração pública em nível local, implementando políticas públicas, gerenciando orçamentos e resolvendo problemas de forma prática. Essa experiência executiva é valiosa no cargo de deputado federal, onde ele precisará avaliar propostas de lei e orçamentos com base em sua compreensão realista das necessidades da população e das limitações do governo.

Além disso, a experiência como deputado estadual oferece ao deputado federal uma compreensão profunda do processo legislativo e das habilidades políticas necessárias para construir alianças e negociar com colegas e autoridades. O deputado que já passou pelo legislativo estadual está mais preparado para lidar com as complexidades das negociações políticas em nível nacional e tem uma vantagem significativa em termos de articulação política.

Outro aspecto importante da preparação para o cargo de deputado federal é o contato direto com a população. O político que iniciou sua carreira em associações de bairro e passou pelos cargos de vereador, prefeito e deputado estadual tem uma conexão mais próxima com as demandas populares e uma compreensão mais profunda dos problemas que afetam a vida cotidiana dos cidadãos. Isso o torna mais sensível às necessidades da população e mais preparado para representar os interesses dos eleitores no Congresso Nacional.

A Relação com o Governo Federal

O deputado federal precisa manter uma relação de cooperação, mas também de fiscalização, com o governo federal. Ele deve trabalhar em conjunto com o presidente da República para garantir que as políticas públicas sejam implementadas de forma eficaz e que os recursos sejam alocados de maneira adequada. Ao mesmo tempo, o deputado federal tem a responsabilidade de fiscalizar o governo, garantindo que o executivo cumpra suas obrigações e respeite a legislação federal.

Essa dualidade — cooperação e fiscalização — exige habilidades políticas refinadas. O deputado precisa ser capaz de negociar com o presidente da República para garantir que as demandas de seu estado sejam atendidas, sem abrir mão de sua função fiscalizadora. Ele também precisa manter um diálogo constante com as lideranças estaduais, garantindo que as regiões de seu estado recebam os recursos e investimentos necessários para seu desenvolvimento.

Representação Nacional e Regional

O deputado federal, apesar de atuar em nível nacional, também deve representar os interesses de seu estado. Isso significa que ele precisa articular políticas públicas que beneficiem tanto o país como um todo quanto sua base eleitoral. Muitas vezes, os deputados federais são responsáveis por intermediar emendas parlamentares e repasses de verbas federais para os municípios de seus estados, garantindo que os projetos locais sejam viabilizados.

Além disso, o deputado federal precisa lidar com demandas regionais e setoriais. Ele deve ser sensível às particularidades do estado que representa, compreendendo os desafios enfrentados pelas diferentes regiões e buscando soluções adequadas às suas necessidades. Isso é especialmente importante em um país tão diverso como o Brasil, onde as realidades regionais variam significativamente.

Conclusão

O cargo de deputado federal é um passo decisivo na carreira política dentro do modelo proposto. Ele oferece ao político a oportunidade de atuar no cenário nacional, legislando sobre questões de grande relevância e fiscalizando o governo federal. O deputado federal desempenha um papel crucial na criação de leis, na aprovação do orçamento da União e na articulação de políticas públicas que afetam todo o país.

A experiência anterior como prefeito, deputado estadual e vereador oferece ao deputado federal uma base sólida de habilidades e conhecimentos que são essenciais para o sucesso no Congresso Nacional. Ao lidar diretamente com a administração pública e com o legislativo em níveis inferiores, o político adquire uma compreensão prática dos desafios enfrentados pela população e das políticas necessárias para solucioná-los.

No próximo capítulo, discutiremos o cargo de governador de estado, que representa um dos mais altos postos na administração pública, oferecendo ao político a oportunidade de liderar um estado inteiro e influenciar diretamente as políticas públicas regionais, além de representar o estado nas relações com o governo federal e outros estados.

Capítulo 9: Governador de Estado

O cargo de governador é um dos mais altos postos na hierarquia da administração pública brasileira, representando a liderança executiva de um estado e a responsabilidade de gerir uma ampla gama de políticas públicas regionais. O governador tem a tarefa de garantir que os serviços públicos sejam prestados de forma eficaz e de promover o desenvolvimento econômico e social do estado. Além disso, o governador precisa atuar como interlocutor do estado junto ao governo federal, buscando recursos, firmando convênios e garantindo que as demandas regionais sejam atendidas no cenário nacional.

Neste capítulo, vamos explorar as funções e responsabilidades do governador de estado, os desafios associados ao cargo e como a experiência anterior em cargos como prefeito, deputado estadual e federal prepara o político para essa função crucial.

A Candidatura ao Cargo de Governador

A candidatura ao cargo de governador é um dos momentos mais importantes na carreira de qualquer político. O governador é o chefe do poder executivo estadual, com a responsabilidade de liderar a administração pública em um território vasto e diverso, que pode incluir desde grandes centros urbanos até áreas rurais. A campanha para governador envolve uma ampla base de apoio, tanto entre a população quanto entre lideranças políticas regionais e nacionais.

No modelo de carreira proposto, o candidato ao cargo de governador já deve ter passado por etapas importantes em sua trajetória política, como os cargos de prefeito, deputado estadual e federal. Essa progressão garante que o candidato tenha a experiência e o conhecimento necessários para lidar com os complexos desafios da administração pública estadual.

A campanha para governador é mais extensa e mais competitiva do que as campanhas para cargos legislativos ou municipais. O candidato precisa apresentar uma plataforma sólida, com propostas claras para melhorar os serviços públicos, promover o desenvolvimento econômico e garantir a segurança e o bem-estar da população. Além disso, ele deve demonstrar sua capacidade de liderar o estado e de negociar com o governo federal e outras entidades para atrair investimentos e promover parcerias estratégicas.

Funções e Atribuições do Governador

O governador é o chefe do poder executivo estadual e tem uma série de responsabilidades fundamentais para o desenvolvimento e o bem-estar do estado. Suas principais funções e atribuições incluem:

1. **Administração do Executivo Estadual:** O governador é responsável por liderar a administração pública em todo o estado, coordenando as secretarias estaduais que cuidam de áreas como saúde, educação, segurança, transporte, infraestrutura e meio ambiente. Ele é responsável por garantir que as políticas públicas sejam implementadas de forma eficiente e que os serviços essenciais sejam prestados à população com qualidade.

2. **Gestão Orçamentária e Fiscal:** O governador tem a responsabilidade de elaborar o orçamento estadual e garantir sua aprovação pela Assembleia Legislativa. Ele também deve garantir que os recursos públicos sejam geridos de forma eficiente e transparente, alocando os fundos de maneira a atender às prioridades do estado. Além disso, o governador precisa lidar com questões fiscais, como o equilíbrio das contas públicas e a busca por novas fontes de receita, sem comprometer o desenvolvimento econômico.

3. **Criação e Implementação de Políticas Públicas Regionais:** O governador tem a responsabilidade de formular políticas públicas regionais que atendam às necessidades específicas do estado. Isso inclui o desenvolvimento de programas de saúde, educação, segurança, infraestrutura, meio ambiente e habitação. Ele deve trabalhar em estreita colaboração com a Assembleia Legislativa para garantir que suas políticas sejam aprovadas e implementadas de forma eficaz.

4. **Interlocução com o Governo Federal e Outras Esferas de Governo:** O governador também desempenha um papel crucial nas relações entre o estado e o governo federal. Ele é responsável por negociar a alocação de recursos federais para o estado, firmar convênios e parcerias, e garantir que

as demandas regionais sejam atendidas. Além disso, o governador representa o estado em fóruns nacionais e internacionais, promovendo parcerias e atraindo investimentos.

5. **Liderança em Situações de Crise:** O governador é o principal líder do estado em situações de crise, como desastres naturais, epidemias, crises de segurança pública ou problemas econômicos. Ele precisa ser capaz de agir rapidamente para proteger a população, mobilizar recursos e coordenar esforços com o governo federal, municípios e outras entidades. A capacidade de liderança do governador em momentos de crise é um dos fatores mais importantes para garantir a estabilidade e a segurança do estado.

Desafios do Cargo de Governador

O cargo de governador apresenta uma série de desafios complexos, que exigem habilidades de gestão, liderança e articulação política em um nível mais elevado do que os cargos anteriores. Um dos principais desafios enfrentados pelo governador é a diversidade do estado. Cada estado brasileiro é composto por regiões com diferentes características socioeconômicas, culturais e geográficas. O governador precisa ser capaz de atender às demandas de todas essas regiões, equilibrando os interesses de áreas urbanas e rurais, regiões mais desenvolvidas e aquelas que carecem de infraestrutura básica.

Outro desafio importante é a gestão orçamentária. Muitos estados enfrentam problemas fiscais graves, com déficits orçamentários e dívidas elevadas. O governador precisa ser capaz de equilibrar as contas públicas, mantendo os serviços essenciais funcionando, sem comprometer o desenvolvimento econômico. Isso envolve a busca por novas fontes de receita, a otimização dos recursos disponíveis e, muitas vezes, a negociação de empréstimos ou renegociações de dívidas com o governo federal.

Além disso, o governador enfrenta a pressão constante da opinião pública e da mídia. A população espera que o governador resolva rapidamente os problemas do estado, e a mídia acompanha de perto suas ações e decisões. O governador precisa ser transparente em sua administração e estar preparado para lidar com crises políticas e de comunicação.

Como a Experiência Anterior Prepara o Governador

A experiência anterior como prefeito, deputado estadual e federal oferece ao governador uma base sólida de habilidades e conhecimentos que serão fundamentais para o sucesso na administração estadual. Como prefeito, o político já teve a oportunidade de liderar a administração pública em nível municipal, implementando políticas públicas, gerenciando orçamentos e resolvendo problemas de forma prática. Essa experiência executiva é valiosa no cargo de governador, onde ele precisará lidar com desafios semelhantes, mas em uma escala maior.

Além disso, a experiência como deputado estadual e federal oferece ao governador uma compreensão profunda do processo legislativo e das habilidades políticas necessárias para construir alianças e negociar com a Assembleia Legislativa e o Congresso Nacional. O governador que já passou pelo legislativo está mais preparado para lidar com as complexidades das negociações políticas e tem uma vantagem significativa em termos de articulação política.

Outro aspecto importante da preparação para o cargo de governador é o contato direto com a população. O político que iniciou sua carreira em associações de bairro e passou pelos cargos de vereador, prefeito e deputado estadual tem uma conexão mais próxima com as demandas populares e uma compreensão mais profunda dos problemas que afetam a vida cotidiana dos cidadãos. Isso o torna mais sensível às necessidades da população e mais preparado para representar os interesses do estado em suas negociações com o governo federal e outras entidades.

Relação com o Governo Federal e Outras Esferas de Poder

O governador precisa manter uma relação de cooperação com o governo federal, mas também deve ser firme em suas negociações para garantir que o estado receba os recursos necessários para seu desenvolvimento. Muitas vezes, o governador precisa negociar com o presidente da República e os ministros, buscando apoio financeiro, técnico e logístico para implementar projetos importantes no estado.

Além disso, o governador deve ser capaz de articular-se com os prefeitos dos municípios do estado, garantindo que as políticas estaduais sejam implementadas de forma coordenada com as políticas municipais. A relação entre o governo estadual e os municípios é essencial para garantir que os recursos e investimentos sejam distribuídos de maneira justa e que todas as regiões do estado se beneficiem do desenvolvimento.

Representação e Desenvolvimento Regional

O governador tem a responsabilidade de promover o desenvolvimento econômico e social de todo o estado, o que inclui lidar com as desigualdades regionais. Em estados grandes e heterogêneos, as regiões mais periféricas ou rurais frequentemente enfrentam desafios maiores em termos de infraestrutura, educação e acesso a serviços básicos. O governador precisa garantir que o desenvolvimento seja distribuído de forma equitativa, promovendo políticas públicas que alcancem todas as regiões, mesmo as mais distantes dos grandes centros.

Isso inclui a atração de investimentos privados e o desenvolvimento de políticas que incentivem a geração de empregos e o crescimento econômico. Além disso, o governador deve buscar parcerias público-privadas e convênios com o governo federal para financiar grandes projetos de infraestrutura, como rodovias, portos, ferrovias e aeroportos, que impulsionem o desenvolvimento regional.

Conclusão

O cargo de governador é um dos mais desafiadores e importantes na carreira política dentro do modelo proposto. Ele oferece ao político a oportunidade de liderar um estado inteiro, implementando políticas públicas que promovam o desenvolvimento econômico e social e melhorem a qualidade de vida da população. O governador é responsável por gerenciar a administração pública estadual, negociar com o governo federal e promover o desenvolvimento regional de forma equitativa.

A experiência anterior como prefeito, deputado estadual e federal oferece ao governador uma base sólida de habilidades e conhecimentos essenciais para o sucesso na administração estadual. Ao lidar diretamente com a gestão pública e com o legislativo em níveis inferiores, o político adquire uma compreensão prática dos desafios enfrentados pela população e das políticas necessárias para solucioná-los.

No próximo capítulo, discutiremos o cargo de presidente da República, o mais alto posto da política brasileira, que oferece ao político a oportunidade de liderar o país e moldar as políticas públicas nacionais em todos os aspectos da vida pública.

Capítulo 10: Presidente da República

O cargo de presidente da República é o mais alto e prestigiado dentro da estrutura política brasileira. O presidente é o chefe de Estado e de governo, responsável por liderar o poder executivo federal e coordenar todas as políticas públicas que afetam o país como um todo. Sua função envolve não apenas a gestão da administração pública, mas também a articulação política com os demais poderes, a diplomacia internacional e a liderança em momentos de crise. No modelo de carreira política proposto, a trajetória até a presidência é cuidadosamente planejada, garantindo que o político tenha adquirido vasta experiência em cargos menores antes de assumir o comando do país.

Neste capítulo, vamos explorar as funções e responsabilidades do presidente da República, os desafios associados ao cargo, e como a experiência anterior em cargos como governador, prefeito e deputado federal prepara o político para assumir essa posição central no governo brasileiro.

A Candidatura ao Cargo de Presidente da República

A candidatura à Presidência da República é o momento culminante na carreira política de um indivíduo. No modelo de carreira política gradual proposto, apenas os políticos que tenham cumprido mandatos em cargos executivos de grande responsabilidade, como governador ou prefeito, e cargos legislativos em níveis estadual e federal, estão qualificados para concorrer à presidência. Isso garante que o candidato à presidência seja uma figura que já tenha demonstrado habilidade em liderar e governar, além de possuir um profundo conhecimento das complexidades da política pública.

A campanha presidencial é uma das mais complexas e competitivas dentro do sistema político brasileiro. O candidato precisa mobilizar uma base de apoio em todo o território nacional, apresentar um plano de governo abrangente e articulado, além de convencer a população de sua capacidade de liderar o país em momentos de crise e transformação. Uma campanha presidencial bem-sucedida exige também a construção de alianças políticas sólidas com partidos, líderes regionais, movimentos sociais e o setor privado.

No modelo proposto, a candidatura à presidência envolve a validação de lideranças políticas em diferentes níveis de governo, desde presidentes de associações de bairro até governadores, deputados e senadores. Isso garante que o candidato tenha uma base de apoio enraizada nas comunidades locais e esteja conectado às demandas populares em todos os níveis da sociedade.

Funções e Atribuições do Presidente da República

O presidente da República exerce funções complexas e abrangentes, que incluem desde a administração do poder executivo até a formulação de políticas públicas de longo alcance, passando pela articulação política com o Congresso Nacional e a diplomacia internacional. Entre as principais atribuições do presidente, destacam-se:

1. **Chefia do Poder Executivo Federal:** O presidente é o chefe do poder executivo e é responsável por coordenar todos os ministérios e órgãos federais. Ele supervisiona a implementação de políticas públicas em áreas como saúde, educação, segurança, economia, meio ambiente, infraestrutura, entre outras. O presidente nomeia ministros e secretários, garantindo que sua equipe esteja alinhada com as diretrizes de seu governo.

2. **Formulação e Implementação de Políticas Públicas Nacionais:** O presidente tem a responsabilidade de elaborar um plano de governo que abranja todas as áreas da administração pública, promovendo o desenvolvimento econômico, social e ambiental do país. Isso inclui a criação de programas de saúde, educação, segurança e infraestrutura, bem como a formulação de políticas fiscais e econômicas que garantam o crescimento sustentável do país.

3. **Elaboração e Gestão do Orçamento Federal:** O presidente é responsável pela elaboração do orçamento federal, que deve ser aprovado pelo Congresso Nacional. Ele deve garantir que os recursos públicos sejam alocados de maneira eficiente, priorizando áreas essenciais e promovendo o desenvolvimento regional. Além disso, o presidente supervisiona a execução do orçamento, assegurando que os recursos sejam utilizados de forma transparente e em conformidade com a legislação.

4. Articulação Política com o Congresso Nacional: O presidente precisa manter uma relação de cooperação com o Congresso Nacional para garantir a aprovação de projetos de lei e do orçamento. Isso envolve a negociação com deputados e senadores, a construção de alianças políticas e a articulação de interesses entre diferentes grupos. A habilidade de negociar com o legislativo é fundamental para garantir a governabilidade e a aprovação das políticas públicas do governo.

5. Diplomacia Internacional e Política Externa: O presidente da República é o representante máximo do Brasil nas relações internacionais. Ele tem a responsabilidade de negociar tratados, participar de fóruns e organizações internacionais e garantir que os interesses do Brasil sejam promovidos no cenário global. Isso inclui a assinatura de acordos comerciais, a cooperação internacional em áreas como segurança e meio ambiente, e a defesa dos interesses brasileiros em organismos como a ONU e a OMC.

6. Liderança em Momentos de Crise: O presidente também é o líder do país em momentos de crise, sejam elas de natureza política, econômica, sanitária ou ambiental. Ele deve ser capaz de agir rapidamente para proteger a população, mobilizar os recursos necessários e coordenar ações com os estados, municípios e o setor privado. A capacidade de liderança em momentos de crise é uma das principais qualidades que um presidente precisa ter para garantir a estabilidade e a segurança do país.

Desafios do Cargo de Presidente

O cargo de presidente da República é, sem dúvida, um dos mais desafiadores dentro da estrutura política brasileira. O presidente precisa lidar com uma vasta gama de questões complexas e interconectadas, que exigem uma habilidade excepcional de gestão, liderança e articulação política. Entre os principais desafios enfrentados pelo presidente, podemos destacar:

1. Diversidade Nacional: O Brasil é um país continental, com uma enorme diversidade cultural, econômica e geográfica. O presidente precisa garantir que suas políticas públicas atendam às necessidades de todas as regiões do país, equilibrando os interesses de áreas urbanas e rurais, estados mais desenvolvidos e aqueles que ainda carecem de infraestrutura e serviços básicos.

2. **Gestão Orçamentária e Fiscal:** Um dos maiores desafios enfrentados pelo presidente é a gestão orçamentária. O Brasil tem um orçamento limitado, e o presidente precisa ser capaz de equilibrar as contas públicas, mantendo os investimentos em áreas essenciais sem comprometer o desenvolvimento econômico. Isso exige uma gestão eficiente dos recursos, além da capacidade de negociar com o Congresso para aprovar medidas fiscais e orçamentárias que garantam a sustentabilidade das finanças públicas.

3. **Articulação Política:** O presidente precisa construir uma base de apoio sólida no Congresso Nacional para garantir a aprovação de suas políticas. Muitas vezes, isso envolve a negociação de alianças políticas complexas e a construção de consensos em meio a um cenário partidário fragmentado. A habilidade de articular-se com diferentes forças políticas, respeitando a autonomia do legislativo, é crucial para garantir a governabilidade.

4. **Pressão da Opinião Pública e da Mídia:** O presidente está constantemente sob o escrutínio da população e da mídia. As expectativas são altas, e a população espera resultados concretos, muitas vezes em curto prazo. A habilidade de comunicação é essencial para garantir que as ações do governo sejam bem compreendidas e que o presidente consiga manter o apoio popular ao longo de seu mandato.

5. **Crises Internas e Externas:** O presidente precisa estar preparado para lidar com crises políticas, econômicas e sociais dentro do país, além de se posicionar estrategicamente em situações de crises internacionais. A habilidade de tomar decisões rápidas, baseadas em informações precisas, e a capacidade de mobilizar os recursos necessários são essenciais para lidar com essas situações de maneira eficaz.

Como a Experiência Anterior Prepara o Presidente

A experiência anterior em cargos executivos e legislativos é fundamental para preparar o político para o cargo de presidente. O político que já foi governador, prefeito e deputado federal adquiriu habilidades essenciais de liderança, gestão pública e articulação política, que são fundamentais para o sucesso na presidência.

Como governador, o político já liderou um estado, gerenciando um orçamento significativo, implementando políticas públicas em larga escala e negociando com diferentes forças políticas e econômicas. A experiência como deputado federal oferece ao futuro presidente uma compreensão profunda do processo legislativo e das habilidades necessárias para articular suas políticas no Congresso Nacional.

Além disso, a experiência de ter ocupado cargos executivos em níveis menores, como prefeito e subprefeito, permite ao presidente compreender melhor as demandas populares e os problemas que afetam a vida cotidiana dos cidadãos. Isso o torna mais sensível às necessidades da população e mais preparado para tomar decisões que beneficiem o país como um todo.

Relação com os Outros Poderes

O presidente da República precisa manter uma relação de cooperação e respeito com os outros poderes — o Legislativo e o Judiciário. Isso inclui a articulação constante com o Congresso Nacional para garantir a aprovação de suas políticas e a implementação do orçamento. Ao mesmo tempo, o presidente precisa respeitar a autonomia do Poder Judiciário e garantir que suas ações estejam sempre dentro dos limites constitucionais.

Essa relação entre os poderes é essencial para o funcionamento da democracia e para a manutenção do equilíbrio institucional no país. O presidente deve ser capaz de negociar, mediar conflitos e garantir que suas ações estejam em conformidade com a Constituição.

Conclusão

O cargo de presidente da República é o ápice da carreira política dentro do modelo proposto neste livro. Ele oferece ao político a oportunidade de liderar o país, formulando e implementando políticas públicas que impactam diretamente a vida de milhões de brasileiros. O presidente é responsável por liderar o poder executivo federal, garantir a governabilidade por meio da articulação com o Congresso Nacional e representar o Brasil no cenário internacional.

A experiência adquirida em cargos anteriores, como governador, prefeito e deputado federal, prepara o político para enfrentar os desafios complexos da presidência. Ao longo de sua trajetória política, o presidente desenvolve as habilidades de liderança, gestão e articulação política necessárias para governar o país de maneira eficaz e responsável.

O presidente é responsável por garantir que o Brasil se desenvolva de forma sustentável, promovendo o bem-estar da população e defendendo os interesses do país tanto internamente quanto no cenário internacional. Sua função envolve lidar com uma vasta gama de questões complexas, desde a formulação de políticas econômicas e sociais até a gestão de crises nacionais e a representação do Brasil nas relações internacionais.

No próximo capítulo, discutiremos o cargo de senador, que representa o estado no Congresso Nacional e desempenha um papel crucial na formulação de leis e na fiscalização do poder executivo. O senador é uma peça-chave no equilíbrio de poderes no Brasil, e sua atuação influencia diretamente as políticas públicas que afetam todo o país.

Capítulo 11: Senador

O cargo de senador é um dos mais importantes dentro da estrutura política brasileira, representando os estados no Congresso Nacional e desempenhando um papel fundamental na formulação de leis e na fiscalização do poder executivo. O Senado Federal, juntamente com a Câmara dos Deputados, compõe o Poder Legislativo brasileiro, e os senadores têm a responsabilidade de garantir que os interesses dos estados sejam protegidos nas discussões nacionais.

Neste capítulo, vamos explorar as funções e responsabilidades do senador, os desafios do cargo e como a experiência anterior em cargos executivos e legislativos prepara o político para atuar no Senado Federal.

A Candidatura ao Cargo de Senador

No modelo de carreira política proposto, a candidatura ao cargo de senador é uma etapa avançada da trajetória política, reservada para aqueles que já tenham acumulado uma vasta experiência em cargos executivos e legislativos. Apenas políticos que tenham exercido cargos como prefeito, governador ou deputado federal devem se candidatar ao Senado, garantindo que eles possuam o conhecimento e a experiência necessários para lidar com as complexas questões nacionais e representar adequadamente os interesses de seus estados.

A campanha para o Senado é uma das mais disputadas, já que cada estado possui um número limitado de senadores. O candidato precisa mobilizar uma base de apoio estadual, abrangendo diferentes regiões e grupos sociais. Além disso, ele deve apresentar propostas claras que demonstrem sua capacidade de representar o estado no cenário nacional e de contribuir para a formulação de leis que promovam o desenvolvimento do país.

A experiência prévia em cargos executivos e legislativos oferece ao candidato ao Senado uma vantagem significativa. Ele pode usar suas realizações em nível estadual ou federal como base para sua candidatura, demonstrando que tem a capacidade de lidar com os desafios nacionais e de representar os interesses de seu estado no Congresso.

Funções e Atribuições do Senador

O senador tem uma série de responsabilidades que abrangem a criação de leis, a fiscalização do governo federal e a representação dos interesses de seu estado no Congresso Nacional. Entre as principais funções e atribuições do senador, destacam-se:

1. **Criação de Leis Federais:** O senador tem o poder de propor projetos de lei que tratam de questões de interesse nacional. Isso inclui leis sobre economia, segurança, saúde, educação, infraestrutura e meio ambiente. Além de propor leis, o senador também participa da análise e votação de projetos apresentados por outros senadores, deputados federais e pelo presidente da República.

2. **Fiscalização do Poder Executivo:** O Senado tem um papel fundamental na fiscalização das ações do presidente da República e do governo federal. Os senadores participam de comissões parlamentares de inquérito (CPIs) e de outras comissões permanentes que investigam a aplicação dos recursos públicos e verificam a legalidade das ações do executivo. Além disso, o Senado tem a função exclusiva de aprovar ou rejeitar indicações do presidente para cargos importantes, como ministros do Supremo Tribunal Federal (STF), embaixadores e diretores de estatais.

3. **Aprovação de Orçamentos e Políticas Fiscais:** O Senado também desempenha um papel crucial na aprovação do orçamento da União e na fiscalização das políticas fiscais do governo federal. Os senadores analisam a proposta orçamentária enviada pelo executivo, garantindo que os recursos sejam alocados de maneira eficiente e que áreas prioritárias, como saúde, educação e segurança, recebam os investimentos necessários. Além disso, o Senado é responsável por aprovar operações de crédito e empréstimos que afetam as finanças públicas.

4. **Representação dos Estados no Congresso Nacional:** Ao contrário dos deputados federais, que representam a população, os senadores representam os estados da federação. Isso significa que eles têm a responsabilidade de garantir que os interesses de seus estados sejam levados em consideração nas discussões nacionais. O senador deve articular

políticas que beneficiem seu estado e lutar por emendas parlamentares e investimentos federais que promovam o desenvolvimento regional.

5. **Participação em Comissões Legislativas:** Os senadores participam de comissões temáticas, onde discutem e analisam projetos de lei em áreas específicas, como economia, segurança, saúde e meio ambiente. As comissões são essenciais para o aprofundamento das discussões e para garantir que as leis sejam analisadas de forma técnica e abrangente antes de serem votadas no plenário do Senado.

Desafios do Cargo de Senador

O cargo de senador apresenta uma série de desafios, que exigem habilidades políticas e de articulação em um nível elevado. Um dos principais desafios é a complexidade das questões que o Senado precisa discutir e votar. Os senadores lidam com uma ampla gama de temas, desde questões econômicas e fiscais até políticas de segurança e educação. Isso exige um conhecimento profundo de diferentes áreas e a capacidade de avaliar o impacto das leis em todo o país.

Outro desafio importante é a articulação política dentro do Senado e com a Câmara dos Deputados. O senador precisa construir alianças e negociar com seus colegas para garantir a aprovação de seus projetos de lei e para fiscalizar de forma eficaz o governo federal. Muitas vezes, as negociações envolvem concessões e acordos complexos, e o senador precisa ser habilidoso em construir consensos sem comprometer os interesses de seu estado.

Além disso, o senador enfrenta a pressão constante da opinião pública e da mídia. Como representante de seu estado no Congresso Nacional, o senador está sempre sob o escrutínio dos eleitores e dos veículos de comunicação, que esperam que ele defenda os interesses do estado e contribua para o desenvolvimento do país.

Como a Experiência Anterior Prepara o Senador

A experiência anterior em cargos executivos e legislativos é essencial para preparar o político para o cargo de senador. O político que já foi governador, prefeito e deputado federal adquiriu uma compreensão profunda dos problemas enfrentados pela população e das políticas públicas necessárias para solucioná-los. Além disso, ele desenvolveu habilidades políticas de articulação e negociação, que são fundamentais para o sucesso no Senado.

Como governador ou prefeito, o político já teve a oportunidade de liderar a administração pública, gerenciar orçamentos e implementar políticas em larga escala. Isso o prepara para avaliar de forma crítica os projetos de lei que tramitam no Senado e para propor soluções que atendam às necessidades da população.

A experiência como deputado federal também oferece ao senador uma vantagem importante, pois ele já conhece o funcionamento do Congresso Nacional e está familiarizado com o processo legislativo. Isso o torna mais preparado para lidar com as negociações políticas e para construir alianças dentro do Senado e com a Câmara dos Deputados.

A Relação com o Governo Federal

O senador precisa manter uma relação de cooperação, mas também de fiscalização, com o governo federal. Ele deve garantir que o presidente da República esteja cumprindo suas obrigações e que os recursos públicos sejam utilizados de forma eficiente. Ao mesmo tempo, o senador precisa negociar com o governo federal para garantir que seu estado receba os investimentos necessários para o desenvolvimento regional.

Essa dualidade — cooperação e fiscalização — exige habilidades políticas refinadas. O senador precisa ser capaz de negociar com o presidente e os ministros, ao mesmo tempo em que mantém sua independência e cumpre seu papel fiscalizador.

Conclusão

O cargo de senador é uma das posições mais importantes no sistema político brasileiro, oferecendo ao político a oportunidade de influenciar diretamente as políticas públicas nacionais e de representar os interesses de seu estado no Congresso Nacional. O senador tem a responsabilidade de criar leis, fiscalizar o governo federal e aprovar o orçamento da União, garantindo que os recursos sejam alocados de forma eficiente e que as políticas públicas promovam o desenvolvimento do país.

A experiência adquirida em cargos anteriores, como governador, prefeito e deputado federal, prepara o político para enfrentar os desafios do Senado. Ao longo de sua trajetória política, o senador desenvolve as habilidades de liderança, articulação política e gestão pública necessárias para representar seu estado de forma eficaz e para contribuir para o desenvolvimento do Brasil.

No próximo capítulo, discutiremos o papel do conselheiro da presidência, um cargo especial proposto neste livro, reservado para ex-presidentes que tenham cumprido mandatos notáveis e que continuam a oferecer aconselhamento estratégico aos presidentes em exercício.

Capítulo 12: Conselheiro da Presidência

O cargo de conselheiro da presidência é uma inovação proposta neste modelo de carreira política, criada para aproveitar a vasta experiência e o conhecimento acumulado por ex-presidentes da República que tenham cumprido com êxito pelo menos dois mandatos. A posição de conselheiro seria um cargo vitalício, exercido de forma contínua, com a possibilidade de ser renovado a cada cinco anos, desde que referendado pelo Senado. O principal objetivo desse cargo é fornecer aconselhamento estratégico ao presidente em exercício, ajudando na tomada de decisões complexas e garantindo a continuidade das políticas públicas de longo prazo.

Neste capítulo, vamos explorar as funções e responsabilidades do conselheiro da presidência, a importância desse cargo no modelo político proposto e como ele pode contribuir para a estabilidade e o desenvolvimento do país.

O Papel do Conselheiro da Presidência

O conselheiro da presidência, por ser um ex-presidente da República, carrega consigo uma vasta experiência em gestão pública, política e liderança. O principal objetivo desse cargo é oferecer aconselhamento estratégico ao presidente em exercício, com base em sua experiência prática na liderança do país. O conselheiro atua como um mentor, ajudando o presidente a avaliar as diferentes opções políticas, a analisar cenários econômicos e sociais complexos, e a tomar decisões estratégicas que afetarão o futuro da nação.

Entre as principais funções do conselheiro da presidência, podemos destacar:

1. Aconselhamento Estratégico em Questões de Política Pública: O conselheiro da presidência oferece orientação ao presidente em exercício sobre questões de política pública em diversas áreas, como economia, segurança, saúde, educação e relações internacionais. Sua experiência anterior como chefe de Estado o torna uma fonte valiosa de insights, especialmente em momentos de crise ou quando o governo está planejando reformas de grande alcance.

2. **Participação no Planejamento de Políticas de Longo Prazo:** O conselheiro tem um papel importante no planejamento de políticas públicas de longo prazo, que precisam transcender os ciclos eleitorais. Sua função é garantir que o presidente considere os impactos de suas decisões para o futuro, promovendo a continuidade e a sustentabilidade das políticas implementadas por governos anteriores.

3. **Aconselhamento em Relações Internacionais:** A experiência do conselheiro em diplomacia internacional pode ser crucial para orientar o presidente nas negociações com outros países, na formulação de tratados e na defesa dos interesses do Brasil no cenário global. O conselheiro pode ajudar o presidente a construir parcerias estratégicas, a resolver conflitos internacionais e a promover a imagem do Brasil como um líder global.

4. **Garantia de Estabilidade e Transição Pacífica de Poder:** O conselheiro da presidência pode desempenhar um papel importante em garantir a estabilidade política do país, especialmente em períodos de transição entre governos. Ele atua como um defensor da continuidade das políticas públicas e como um facilitador do diálogo entre o presidente em exercício e os outros poderes, ajudando a evitar crises institucionais.

5. **Mediação e Conselhos em Momentos de Crise:** O conselheiro pode ser acionado em momentos de crise, como desastres naturais, crises econômicas ou conflitos políticos, para oferecer orientação baseada em sua própria experiência de liderança durante períodos difíceis. Ele pode ajudar o presidente a tomar decisões rápidas e eficazes, garantindo que o governo responda de forma eficiente aos desafios do momento.

A Importância da Experiência para o Cargo de Conselheiro

O cargo de conselheiro da presidência é reservado para ex-presidentes que tenham demonstrado uma liderança eficaz e responsável durante seus mandatos. Ao exigir que o conselheiro tenha cumprido pelo menos dois mandatos presidenciais, o modelo proposto garante que apenas aqueles com experiência significativa em governança nacional possam ocupar essa posição. A ideia é valorizar o conhecimento acumulado ao longo de anos de serviço público e aplicá-lo na orientação dos presidentes subsequentes.

O conselheiro da presidência traz uma perspectiva única para o governo, uma vez que ele já esteve na posição de tomar decisões difíceis e lidar com as complexidades da política nacional e internacional. Sua experiência em liderar o país durante diferentes momentos históricos permite que ele antecipe desafios e ofereça soluções estratégicas que podem evitar erros ou crises futuras. Além disso, o conselheiro é capaz de fornecer uma visão imparcial e objetiva, pois sua posição não está atrelada a disputas eleitorais ou partidárias.

A Relação do Conselheiro com o Presidente em Exercício

O conselheiro da presidência atua de forma independente, oferecendo orientação e aconselhamento estratégico ao presidente em exercício sem interferir diretamente na tomada de decisões. O presidente é livre para aceitar ou rejeitar as sugestões do conselheiro, mas a presença de uma figura tão experiente pode ser uma fonte valiosa de apoio em momentos de incerteza ou em situações que demandam decisões delicadas.

O conselheiro também tem o papel de facilitar o diálogo entre o presidente e os outros poderes, como o Congresso Nacional e o Poder Judiciário. Ele pode ajudar o presidente a navegar pelos complexos meandros da política nacional, sugerindo estratégias de negociação e mediação que promovam a estabilidade institucional e a harmonia entre os poderes.

Outro aspecto importante da relação entre o conselheiro e o presidente é a confidencialidade. O conselheiro deve atuar de forma discreta, mantendo suas conversas com o presidente em privado e evitando influências externas que possam comprometer sua imparcialidade. Esse nível de confiança é essencial para garantir que o presidente possa se beneficiar plenamente da experiência e dos conselhos oferecidos.

A Importância da Continuidade nas Políticas Públicas

Um dos principais benefícios do cargo de conselheiro da presidência é a promoção da continuidade nas políticas públicas de longo prazo. Muitas vezes, os ciclos eleitorais interrompem a implementação de políticas que precisam de mais tempo para gerar resultados concretos. O conselheiro pode atuar como uma ponte entre os diferentes governos, garantindo que as políticas essenciais, especialmente aquelas relacionadas ao desenvolvimento econômico, à educação e à saúde, sejam mantidas e aperfeiçoadas.

A experiência de longo prazo do conselheiro também é fundamental para garantir que as políticas sejam formuladas com uma visão de futuro, considerando os impactos para gerações futuras. Ele pode ajudar o presidente em exercício a pensar além dos ciclos eleitorais, focando em políticas que promovam o crescimento sustentável e o bem-estar da população no longo prazo.

Desafios e Limites do Cargo de Conselheiro

Embora o cargo de conselheiro da presidência ofereça uma série de benefícios ao governo, ele também apresenta desafios. Um dos principais desafios é garantir que o conselheiro mantenha sua independência e não se envolva diretamente na política partidária. Seu papel deve ser estritamente de orientação estratégica, evitando qualquer tipo de influência que possa comprometer sua objetividade.

Além disso, o conselheiro precisa estar ciente de que suas recomendações podem ou não ser seguidas pelo presidente em exercício. Seu papel não é o de um tomador de decisões, mas de um orientador. Isso pode ser desafiador, especialmente se o conselheiro acreditar firmemente em uma abordagem específica e o presidente optar por uma direção diferente. No entanto, essa dinâmica faz parte do equilíbrio de poder que define o modelo democrático.

O Processo de Referendo pelo Senado

Uma inovação importante do cargo de conselheiro da presidência é o processo de referendo pelo Senado a cada cinco anos. Esse mecanismo permite que o conselheiro continue em sua função apenas se receber a aprovação do Senado, garantindo que ele mantenha um alto nível de compromisso e que sua atuação seja constantemente avaliada.

O processo de referendo também oferece uma oportunidade para que o conselheiro apresente um relatório de suas atividades, detalhando como tem contribuído para o governo em exercício e como sua orientação tem impactado as decisões presidenciais. Esse nível de transparência é fundamental para garantir que o cargo de conselheiro continue a ser respeitado e valorizado dentro do sistema político brasileiro.

Conclusão

O cargo de conselheiro da presidência, proposto como uma inovação dentro deste modelo de carreira política, tem o potencial de contribuir significativamente para a estabilidade e o desenvolvimento do Brasil. Ao aproveitar a experiência e o conhecimento acumulado por ex-presidentes, o país garante que suas políticas públicas sejam formuladas e implementadas com uma visão de longo prazo, baseada em décadas de liderança e governança.

O conselheiro atua como uma fonte de orientação estratégica para o presidente em exercício, ajudando na tomada de decisões complexas, garantindo a continuidade das políticas públicas e promovendo a estabilidade institucional. Sua independência, imparcialidade e experiência prática o tornam uma peça fundamental no sistema político, oferecendo ao presidente uma perspectiva única e valiosa sobre as questões que afetam o futuro do Brasil.

No próximo capítulo, apresentaremos as considerações finais sobre a proposta de carreira política estruturada, destacando os benefícios desse modelo para a formação de líderes qualificados e comprometidos com o bem público, além de discutir os próximos passos para sua implementação.

Essa abordagem do conselheiro da presidência acrescenta uma camada de maturidade institucional ao modelo político, assegurando que a experiência de ex-líderes continue a beneficiar o país de maneira construtiva.

Capítulo 13: Considerações Finais e o Futuro da Carreira Política no Brasil

Ao longo deste livro, propusemos um modelo de carreira política estruturada que visa transformar a maneira como os líderes políticos são formados no Brasil. Este modelo tem como base a progressão gradual e meritocrática, onde os indivíduos acumulam experiência e habilidades em diferentes cargos, começando nas associações de bairro e avançando até os mais altos postos da administração pública, como o de presidente da República. Além disso, sugerimos a criação de um cargo de conselheiro da presidência, que aproveitaria o conhecimento acumulado por ex-presidentes para garantir continuidade e aconselhamento estratégico ao governo em exercício.

Neste capítulo final, faremos uma reflexão sobre os principais pontos abordados no livro, os benefícios desse modelo para o sistema político brasileiro e os desafios de sua implementação. Também discutiremos o impacto positivo que essa estrutura pode ter no futuro da democracia brasileira.

A Crise de Representatividade e a Necessidade de Reformas

O Brasil enfrenta uma crise de representatividade que é evidente em várias áreas do sistema político. Os cidadãos frequentemente se sentem desconectados dos políticos que elegem, e há uma percepção generalizada de que a política é um campo dominado por interesses pessoais e partidários, em vez de ser um verdadeiro serviço público. Esse cenário gera apatia entre os eleitores, que muitas vezes não se sentem representados pelos candidatos disponíveis, e fomenta o descrédito nas instituições democráticas.

Essa crise de representatividade está enraizada em um sistema que, muitas vezes, não valoriza a experiência ou o compromisso com o bem público. Políticos podem ascender rapidamente a cargos de grande importância sem terem adquirido a experiência necessária para enfrentar os complexos desafios da administração pública. Isso resulta em governos ineficazes, políticas públicas inconsistentes e uma constante sensação de que o país não está sendo bem governado.

A proposta de uma carreira política estruturada, apresentada neste livro, busca responder a essa crise oferecendo uma alternativa clara: uma progressão gradual e baseada no mérito, onde os políticos precisam demonstrar competência e compromisso em cada etapa de sua trajetória. Ao exigir que os futuros líderes políticos comecem sua carreira em níveis locais, como presidentes de associações de bairro, e avancem gradualmente por cargos como vereador, prefeito, deputado e governador, esse modelo garante que aqueles que chegam aos mais altos postos da administração pública estejam preparados para os desafios da governança.

Benefícios do Modelo de Carreira Gradual

Entre os principais benefícios desse modelo, podemos destacar:

1. Qualificação dos Líderes Políticos: Ao exigir que os políticos adquiram experiência prática em diferentes níveis de governo antes de chegarem aos cargos mais elevados, o modelo proposto garante que os líderes estejam preparados para tomar decisões informadas e eficazes. Isso aumenta a capacidade de gestão dos políticos e reduz a ineficiência na administração pública.

2. Maior Compromisso com o Bem Público: A progressão gradual e a necessidade de comprovar competência em cada etapa garantem que apenas aqueles que realmente têm vocação para o serviço público consigam ascender na carreira política. Isso reduz o espaço para políticos que buscam o poder por interesses pessoais e aumenta a responsabilidade dos líderes em servir à população.

3. Engajamento Popular: O modelo valoriza a participação popular em todas as etapas da carreira política. Desde as associações de bairro até o cargo de presidente da República, os eleitores têm um papel ativo na avaliação dos políticos, através de eleições e referendos periódicos. Isso fortalece a democracia participativa e aumenta o controle social sobre os representantes.

4. Continuidade nas Políticas Públicas: A estrutura de carreira política proposta promove a continuidade nas políticas públicas de longo prazo. Ao permitir que políticos acumulem experiência em diferentes níveis de governo, e ao criar o cargo de conselheiro da presidência, o modelo garante que as

políticas que funcionam sejam mantidas e aprimoradas, mesmo com a troca de governos.

5. **Maior Transparência e Prestação de Contas:** O modelo de carreira gradual exige que os políticos prestem contas de suas ações em cada etapa. A introdução de referendos periódicos, como no caso dos vereadores, por exemplo, garante que os eleitores tenham a oportunidade de avaliar o desempenho de seus representantes de forma contínua, e não apenas durante as eleições.

Desafios para a Implementação

Embora o modelo de carreira política gradual ofereça uma série de benefícios, sua implementação apresenta desafios significativos. Mudar o sistema político de um país como o Brasil, com suas estruturas arraigadas e interesses diversos, não será uma tarefa fácil. Entre os principais desafios, podemos destacar:

1. **Resistência Política:** A proposta enfrentará resistência de setores que se beneficiam do sistema atual. Muitos políticos que ascenderam sem passar por um processo estruturado de formação podem ver essa mudança como uma ameaça aos seus interesses. Além disso, partidos políticos que dependem de alianças baseadas em poder econômico e influência pessoal podem se opor a um modelo que privilegia o mérito e a experiência.

2. **Reformas Constitucionais e Legislativas:** Para implementar esse modelo, será necessário realizar mudanças substanciais na Constituição e nas leis eleitorais brasileiras. Isso inclui a criação de novos critérios de elegibilidade, a introdução de referendos periódicos para avaliação dos políticos e a reformulação do processo eleitoral para permitir uma progressão clara na carreira política.

3. **Educação Política da População:** O sucesso do modelo depende de uma população engajada e bem informada. Isso exigirá investimentos em programas de educação política, que ensinem aos cidadãos a importância de cada etapa da carreira política e o impacto que suas escolhas têm no sistema democrático. Campanhas de conscientização sobre a importância do voto e

do engajamento cívico serão essenciais para garantir que o modelo funcione de maneira eficaz.

4. **Transição Gradual:** A transição do sistema atual para o modelo proposto precisará ser feita de maneira gradual e planejada, para evitar rupturas e garantir que os políticos em cargos intermediários possam completar suas transições de acordo com as novas regras. Essa transição exigirá um planejamento cuidadoso e a colaboração de todas as esferas do governo.

O Impacto a Longo Prazo

A adoção de uma carreira política gradual e estruturada pode ter um impacto transformador no sistema político brasileiro. Ao longo do tempo, o modelo contribuirá para a formação de uma classe política mais qualificada, comprometida e responsável. Isso, por sua vez, terá um efeito positivo nas instituições democráticas do país, aumentando a confiança da população no governo e promovendo a estabilidade política.

Além disso, o modelo fortalecerá a democracia participativa, garantindo que os eleitores tenham um papel mais ativo no processo de governança. A participação popular nas decisões políticas será ampliada, e o controle social sobre os representantes será fortalecido. Isso criará uma cultura política mais transparente e responsiva, onde os líderes são continuamente avaliados com base em suas ações e resultados.

Por fim, a continuidade das políticas públicas de longo prazo permitirá que o Brasil enfrente de forma mais eficaz os desafios sociais, econômicos e ambientais que o país enfrenta. Com líderes políticos mais preparados e comprometidos, o país terá melhores condições de implementar políticas que promovam o desenvolvimento sustentável e o bem-estar de toda a população.

Considerações Finais

A proposta de uma carreira política estruturada e gradual, apresentada neste livro, é uma resposta aos desafios enfrentados pelo sistema político brasileiro. Ela oferece uma alternativa viável para garantir que os futuros líderes políticos sejam indivíduos qualificados, comprometidos e preparados para enfrentar os complexos desafios da administração pública.

A implementação desse modelo exigirá vontade política, engajamento popular e um esforço coletivo para superar as resistências e os obstáculos institucionais. No entanto, os benefícios a longo prazo para o Brasil serão imensos. Com uma classe política mais preparada e uma democracia mais participativa, o país terá melhores condições de enfrentar seus desafios e de construir um futuro mais próspero e justo para todos os seus cidadãos.

Este livro é apenas o início de uma conversa que deve ser ampliada e aprofundada. O modelo proposto aqui não é uma solução final, mas um ponto de partida para um debate necessário sobre o futuro da política no Brasil. A construção de uma carreira política estruturada é um passo importante para garantir que a política brasileira esteja à altura dos desafios e das aspirações do povo brasileiro.